सुख और सेहत का स्वाद

सुख और सेहत का स्वाद

सद्‌गुरु से जानें भोजन के सूत्र

ईशा योग केन्द्र

हार्पर
हिन्दी

हार्पर हिन्दी
(हार्परकॉलिंस पब्लिशर्स इंडिया) द्वारा 2017 में प्रकाशित
बिल्डिंग नं. 10, टावर A, 4th फ्लोर,
डीएलएफ साइबर सिटी, फेज II, गुरुग्राम 122002, भारत
www.harpercollins.co.in

10

P-ISBN: 978-93-5264-078-2
E-ISBN: 978-93-5264-079-9

हार्पर हिन्दी हार्परकॉलिंस पब्लिशर्स इंडिया का हिन्दी सम्भाग है

टाइपसेटर : निओ साफ़्टवेयर कन्सलटेंट्स, इलाहाबाद
मुद्रक: रेप्लिका प्रेस प्रा. लि, भारत

HarperCollins *Publishers*, Macken House, 39/40 Mayor Street Upper,
Dublin 1, D01 C9W8, Ireland

विषय-सूची

चावल के व्यंजन

संजीवनी के व्यंजन

दलिया

चावल

सब्जियाँ

चटनी

खाने के बाद : कुछ पेय और मीठा

जूस, सूप और सलाद

भोजन का असली आनन्द

सद्‌गुरु

• •

याद रखें आपका भोजन जीवन का एक रूप है, जो अपना जीवन देकर आपके जीवन को पोषित करता है। अगर आप इतने जागरूक हैं कि यह देख सकें कि अनेकों जीवन खुद अपने जीवन की आहुति देकर आपको जीवित रखते हैं, तो आप अपने भोजन को पूरी कृतज्ञता के साथ ग्रहण करेंगे। अगर आप पूरी कृतज्ञता के साथ भोजन करते हैं, तो स्वाभाविक रूप से आप उतना ही खायेंगे, जितना जरूरी होगा। फिर वह भोजन आपके शरीर में बिल्कुल अलग तरह से बर्ताव करेगा। आप उसके साथ जैसे पेश आते हैं, वह भी आपके साथ वैसे ही पेश आता है।

आपका भोजन आपके शरीर में कैसा व्यवहार करता है, यह आपकी जागरूकता पर निर्भर करता है। उदाहरण के तौर पर, दो पूरी तरह से स्वस्थ इंसान समान पौष्टिकता वाले भोजन करते हैं और भोजन को अवशोषित करने की उनकी क्षमता भी लगभग बराबर है। एक व्यक्ति खुशी-खुशी भोजन करता है, जबकि दूसरा बस अपनी भूख मिटाने के लिए खाता है। जो व्यक्ति खुशी के साथ खाता है, उसे दूसरे व्यक्ति के मुकाबले कम भोजन की जरूरत होगी और उसे बेहतर पोषण मिलेगा। इसे साबित करने के लिए वैज्ञानिक प्रमाण मौजूद हैं एक इंसान जो जीवन के प्रति थोड़ा भी संवेदनशील है, यह बात जानता है। अगर आप कृतज्ञता और श्रद्धा के साथ भोजन करते हैं, तो आप देखेंगे कि आप जो भी खायेंगे, वह आपके ऊपर बहुत जबर्दस्त असर करेगा।

भोजन का असली आनन्द यह है कि आप इस बात के प्रति पूरी तरह से जागरूक हैं कि कोई दूसरा जीवन आपका अंश बनना चाहता है, आपके जीवन के साथ

घुल-मिलकर एक हो जाना चाहता है। किसी इंसान के लिए सबसे बड़ी खुशी यह होती है कि कोई चीज, जो वह नहीं है, उसका एक हिस्सा बनने की इच्छुक है। इसी को आप 'प्रेम' कहते हैं। इसी को लोग 'भक्ति' कहते हैं। यही आध्यात्मिक प्रक्रिया का परम लक्ष्य है। चाहे वह कामुकता हो, दीवानगी हो, भक्ति हो, या आत्मज्ञान हो, सब एक ही चीज हैं—फर्क बस स्तर का है। जब यह दो लोगों के बीच होता है, तो हम इसे दीवानगी कहते हैं, जब ऐसा एक बड़े समूह के साथ होता है, तो हम इसे प्रेम कहते हैं। जब यह बिना किसी पक्षपात के घटित होता है, तो हम इसे करुणा कहते हैं और जब इसके लिए आपको किसी रूप या आकार की भी जरूरत नहीं होती, तो इसे भक्ति कहते हैं। सबसे उच्च स्तर पर घटित होने पर हम इसे आत्मज्ञान कहते हैं।

सारा अस्तित्व एक है—यह बात हर रोज आपके भोजन के समय जाहिर होती है। भोजन करना अस्तित्व की एकता को दर्शाता है। जो एक पौधा था, एक बीज था, एक पशु या मछली या एक पक्षी था, वह आपके साथ घुल-मिलकर इंसान बन जाता है, यह साफ तौर पर अस्तित्व के एक होने का प्रमाण है। यह साबित करता है कि अस्तित्व की हर चीज में सृष्टा का हाथ है। भोजन की इस सरल क्रिया को सृष्टा की मर्जी को पूरा करने, और एकत्व के आनन्द को अनुभव करने में रूपान्तरित कर दें।

ईशा का स्वाद

कुछ दशक पहले तक भोजन के प्रति इंसान का नजरिया और उसकी खान-पान की आदतें काफी हद तक स्थानीय संस्कृति, परम्पराओं और जलवायु द्वारा तय होती थीं। तब स्थानीय पैदावार लाखों लोगों का सहज आहार होते थे, पर अब ऐसा नहीं है। एक तरफ तो स्थानीय पैदावार देश-विदेश पहुँचने लगी है तो दूसरी तरफ दुनिया भर की चीजें हम तक पहुँचने लगी हैं। ऐसे में हो सकता है कि लोगों को लगे कि भोजन के बारे में उनकी समझ पहले से बेहतर हो गयी है। मगर दुर्भाग्यवश यह सच नहीं है। सच्चाई तो यह है कि ऑनलाइन और प्रिंट मीडिया के जरिये लगातार हमारे सामने आने वाले आधे-अधूरे शोधों की जानकारियों ने हमें असमंजस की स्थिति में खड़ा कर दिया है। एक दिन किसी चीज को 'सेहतमन्द' बताया जाता है, तो अगले ही दिन उसे 'हानिकारक' बताकर खारिज कर दिया जाता है। जिस खाद्य पदार्थ को एक अध्ययन में पौष्टिक और गुणकारी बताया जाता है, दूसरे अध्ययन में उसे कैंसर पैदा करने वाला सिद्ध कर दिया जाता है। ऐसे समय में कुछ महत्वपूर्ण सवाल हर आदमी के मन में घूमते रहते हैं कि आखिरकार हमारे शरीर के लिए सही और सन्तुलित आहार क्या है? अच्छे भोजन और बुरे भोजन में अन्तर कैसे करें? बेहतरीन भोजन हम किसे कहेंगे?

इन सवालों के जवाब के लिए आपको किसी विशेषज्ञ के पास जाने की जरूरत नहीं है, इसका जवाब तो आपके भीतर ही है।

'जब बात भोजन की हो, तो किसी और से मत पूछिए। आपको अपने शरीर से ही पूछना चाहिए और सिर्फ उसी की सुननी चाहिए। आपको वह खाना चाहिए, जिसे खाकर आपका शरीर खुश होता है।' —**सद्‌गुरु**

तो सवाल यह उठता है कि मैं यह कैसे जान पाऊँगा?

योगिक परम्परा में, भोजन को जीवविज्ञान और रसायन विज्ञान से परे देखा गया है। भोजन एक जीवित चीज होती है, जिसका अपना एक गुण होता है और

जिसमें जीवन-ऊर्जा होती है जिसे प्राण कहते हैं। खाए जाने पर इस भोजन के गुण हमारे शरीर और मन के गुणों को प्रभावित करते हैं। इस सन्दर्भ में यह वाक्य 'आप वही हैं, जो आपने खाया है' एक बिल्कुल नया अर्थ ले लेता है। अगर हम भोजन और शरीर के बीच के सूक्ष्म सम्बन्ध पर भरपूर ध्यान दें और उसके प्रति जागरूक हो जायें, तो हम सहजता से यह जान जायेंगे कि हमें क्या और कितना खाना चाहिए। हमें बाहरी स्रोतों से सूचना प्राप्त करने की जरूरत नहीं होगी। इस जागरूकता से आपका दैनिक आहार, पोषण और मिलन की एक खूबसूरत प्रक्रिया में रूपान्तरित हो सकता है। दक्षिण भारत की वेलंगिरि पहाड़ियों में, सद्‌गुरु द्वारा स्थापित ईशा योग केन्द्र में, भोजन का वक्त सिर्फ खाना खाने के लिए ही नहीं होता, बल्कि इसे अपने भीतर जीवन के स्रोत को छूने की एक सम्भावना के रूप में देखा जाता है।

'भोजन का असली आनन्द यह है कि आप इस बात के प्रति पूरी तरह से जागरूक हैं कि कोई दूसरा जीवन आपका अंश बनना चाहता है, आपके जीवन के साथ घुल-मिलकर एक हो जाना चाहता है। किसी इंसान के लिए सबसे बड़ा सुख यह होता है कि कोई चीज, जो वह नहीं है, किसी तरह से उसका एक हिस्सा बनना चाहती है। इसी को आप 'प्रेम' कहते हैं। इसी को लोग 'भक्ति' कहते हैं। यही आध्यात्मिक प्रक्रिया का परम लक्ष्य है।' —**सद्‌गुरु**

इसी प्रेम और भक्ति के साथ हम यह पुस्तक आपको पेश कर रहे हैं। हमें आशा है कि आप भी भोजन के असली आनन्द को जान पायेंगे। '*सुख और सेहत का स्वाद*' कोई डाइट पुस्तिका, भोजन की दिव्य गुटिका या अनुशासित जीवनशैली की योजना नहीं है। यह सभी स्तरों पर मानव खुशहाली की एक निर्देशिका है। बाद के पन्नों में आपको ऐसे व्यंजन मिलेंगे, जिन्हें ईशा योग केन्द्र की रसोई और देश के हजारों ईशा साधकों के घरों में तैयार किया गया है। कुछ व्यंजन पुराने प्रिय व्यंजनों के सकारात्मक ऊर्जा वाले संस्करण हैं और कुछ आपके लिए बिल्कुल नये स्वाद वाले होंगे। साधारण जूस और सलाद से लेकर सब्जी, अनाज और करी वाले सम्पूर्ण भोजन तक, हर व्यंजन आपकी स्वादेन्द्रियों को अच्छा लगेगा और सम्पूर्ण पोषण प्रदान करने वाला होगा।

तस्वीरें और साझा किये गये अनुभव आपको ईशा योग केन्द्र के जीवन की एक झलक दे सकते हैं, जिसे आन्तरिक रूपान्तरण के लिए विशेष रूप से तैयार किया

गया है। इसके निवासियों ने अपने और सभी के जीवन में खुशहाली बिखेरने का ध्येय अपनाया है। खाने और पचाने की प्रक्रिया, भोजन की विभिन्न श्रेणियाँ जैसे विषयों पर सद्गुरु की गहन अन्तर्दृष्टि हमारे वहमों को दूर करती है और हमें सुख और सेहत का मार्ग दिखाती है।

यह पुस्तक आपके लिए एक जरिया है, जिससे आप अपने घर में 'सुख और सेहत का असली स्वाद' ला सकते हैं। आप इस पुस्तक को चाहे अपने बुकशेल्फ में कोई स्थायी जगह दे दें या फिर अपने किचन काउंटर के बीच रखें, हम आशा करते हैं कि आने वाले अध्याय आपको अपने भीतर आध्यात्मिकता और पाक-कुशलता की क्षमता को खोजने में मदद करेंगे।

प्रणाम

ईशा पब्लिकेशन

टिप्पणी: सभी व्यंजन औसतन चार लोगों के लिए हैं।

ॐ.... ॐ..... ॐ.....

सह नाववतु।

सह नौ भुनक्तु।

सहवीर्यं करवावहै।

तेजस्वि नावधीतमस्तु।

मा विद्विषावहै।

ॐ शान्तिः शान्तिः शान्तिः ।।

आइये हम एक साथ रक्षा करें।
हम साथ भोजन ग्रहण करें।
हम एक साथ शक्ति पैदा करें।
हमारी शक्तियों की कोई सीमा न हो।
हम एक दूसरे से द्वेष न करें।
ॐ शान्ति, शान्ति, शान्ति।।

यह संस्कृत का एक आह्वान है, जिससे आप खुद को एक खास तरीके से तैयार करते हैं। आपको इसका अर्थ समझने की जरूरत नहीं है। सिर्फ इस ध्वनि के उच्चारण से आपके भीतर एक खास वातावरण बन जाता है। इसका मकसद ईश्वर को धन्यवाद देना नहीं, बल्कि ऐसी आन्तरिक स्थिति पैदा करना है, जहाँ हम आदर, समझदारी और श्रद्धा के साथ भोजन ग्रहण कर सकें।

भोजन करने की प्रक्रिया में आप इस भोजन को—जो कभी मिट्टी था, फिर पौधा बना और अब आपकी थाली में है—एक इंसान के रूप में रूपान्तरित करने का कार्य करते हैं। यह कोई मामूली काम नहीं है। यह विकास का एक बड़ा कदम

है। आप मिट्टी को इंसानी प्रकृति में रूपान्तरित कर रहे हैं और अगर आप चाहें, तो आप इस मिट्टी को अपने भीतर दैवी प्रकृति में भी रूपान्तरित कर सकते हैं।

भोजन ही वह भगवान है जो वाकई में आपको जीवित रखता है। हम भोजन को एक देवी की तरह मानते हैं, उसे अन्नपूर्णा कहते हैं। ऐसा नहीं है कि कोई देवी कहीं बैठकर हमें भोजन दे रही हैं। हम कहते हैं, 'अन्नम ब्रह्मम्' यानी स्वयं भोजन ही भगवान है। बाकी सारे भगवान सिर्फ आपके दिमाग में होते हैं। वास्तविक अनुभव में, आप जिस हवा में सांस लेते हैं, जिस धरती पर चलते हैं और जिस भोजन को खाते हैं, यही वे देवता हैं जो हर पल आपको जीवित रखते हैं।'

—***सद्‌गुरु***

भोजन के प्रकार

योग विज्ञान में भोजन का उसके पोषक गुणों के आधार पर विभाजन नहीं किया जाता बल्कि उसके प्राण-शक्ति के आधार पर किया जाता है। इन्हें विटामिन, प्रोटीन आदि वर्गों में न बाँट कर, तीन वर्गों में बाँटा जाता है—सकरात्मक प्राणिक आहार, नकरात्मक प्राणिक आहार और शून्य प्राणिक आहार। सकरात्मक प्राणिक आहार वह है जिसे खाने से हमारे शरीर में प्राण की मात्रा बढ़ जाती है, जबकि नकरात्मक प्राणिक आहार लेने से हमारे प्राण का क्षय होता है। दरअसल नकरात्मक प्राणिक आहार शरीर के स्नायु-तन्त्रिकाओं को उत्तेजित कर प्राण को बाहर निकाल देते हैं। शून्य प्राणिक आहार से न तो प्राण बढ़ता है न घटता है। हम इनको सिर्फ स्वाद और भूख मिटाने के लिए खाते हैं।

नकरात्मक प्राणिक आहार

1. **लहसुन:** सही ढंग से इस्तेमाल करने पर लहसुन निश्चित रूप से एक बहुत शक्तिशाली दवा है। लेकिन अगर आप इसे हर दिन खाने में डालें तो आपको बड़ा नुकसान पहुँचा सकता है। अगर आप यह जानना चाहते हैं कि यह कितना नुकसानदायक हो सकता है तो लहसुन का तीस मि.ली. रस एक ही बार में पी लें आपको अपने पेट की सफाई के लिए तुरन्त अस्पताल भागना पड़ेगा।

2. **प्याज:** इसे खाना तो दूर, बस केवल यह देख लें कि आपका शरीर इसके लिए हाँ कह रहा है या ना। हमारा शरीर प्याज से हमेशा दूर रहना चाहता है, वह उसे पसन्द नहीं करता—आपकी आँखें जलने लगती हैं और आँसू बहने लगते हैं।

3. **हींग:** हींग भी एक नकरात्मक प्राणिक आहार है, लेकिन आम तौर पर खाने में इसको बहुत थोड़ा-सा इस्तेमाल किया जाता है।

4. **बैंगन:** सब्जियों में सिर्फ बैंगन ही एक ऐसी सब्जी है जिसमें सचमुच थोड़ा जहर होता है। बैंगन में एक ऐसा एंजाइम होता है, जिसमें मस्तिष्क के हाइपोथैलमस को नुकसान पहुँचाने की क्षमता होती है। खास तौर से बच्चों को बैंगन नहीं खिलाना चाहिए।

5. **मिर्ची:** आप एक प्रयोग कर के देखें, 30 दिन तक मिर्च न खाने के बाद एक दिन थोड़ी-सी मिर्च खा लें। आपको दस्त हो जायेगा। शरीर इस मिर्च को बाहर फेंक देना चाहता है, वह उसको जहर जैसा मानता है।

6. **कॉफी या चाय:** ये तन्त्रिकाओं को उत्तेजित करने वाले बेहद शक्तिशाली पदार्थ हैं। ऐसे उत्तेजक पदार्थों का लगातार लम्बे समय तक सेवन आपकी शक्ति और स्फूर्ति नष्ट कर देता है। खासकर आपका बुढ़ापा बहुत दुखदायी हो जायेगा। कहने की जरूरत नहीं कि सभी नशीली दवाएँ और तन्त्रिका-उत्तेजक पदार्थ नकरात्मक प्राणिक आहार की श्रेणी में आते हैं।

भावनात्मक अस्थिरता के पीछे भी आपके भोजन का हाथ होता है। अगर आप ऐसा भोजन करें जिसमें नकरात्मक प्राणिक आहार न हों तो आपको भावनात्मक सन्तुलन बनाये रखने में बड़ी आसानी होगी।

ये 6-7 मना की गयी चीजें, आपको अपनी तरफ खींचती हैं। ऐसा इसलिए होता है क्योंकि आपको इन चीजों की आसानी से लत लग जाती है। आप तीन दिन तक लगातार कॉफी पी लें तो चौथे दिन आपको सोचने की जरूरत ही नहीं पड़ती। कॉफी खुद-ब-खुद आपको अपनी तरफ खींचेगी और पीने को मजबूर करेगी। जिन्दगी का यही दस्तूर है।

अच्छे काम करने के लिए आपको जागरूक हो कर कोशिश करनी पड़ती है। लेकिन बुरे काम आप तक खुद पहुँच जाते हैं। फसल उगाने के लिए आपको कितनी मेहनत करनी पड़ती है, पर खर पतवार बिना किसी मेहनत के अपने-आप पनपने और फूलने-फलने लगते हैं, इसके लिए आपको कुछ नहीं करना पड़ता। लेकिन जीवन में सकारात्मक कार्य करने के लिए आपको जागरूक हो कर मेहनत करनी होती है।

शून्य प्राणिक आहार

कुछ ऐसे खाद्य पदार्थ होते हैं जो प्राण शून्य होते हैं, जैसे आलू और टमाटर। इन पदार्थों को स्वस्थ इंसान खा सकते हैं, पर उन लोगों को इनका परहेज करना चाहिए जिन्हें जोड़ों का दर्द या सूजन है। इनसे जोड़ों की समस्याएँ जैसे—गठिया और आर्थ्राइटिस की स्थिति बिगड़ सकती है।

प्राण शून्य खाद्य पदार्थों के सेवन से आपको नींद अधिक आती है। इसलिए आम तौर पर, हम छात्रों और साधकों को इनका सेवन न करने की सलाह देते हैं। छात्रों के लिए एक किताब ही सुलाने के लिए काफी होती है। उसे खोलते ही, वे सो जाते हैं। जो साधक अपनी आँखें बन्द करके पूरी तरह सजग बैठना चाहते हैं, उनके लिए नींद उनकी सबसे बड़ी दुश्मन है। तो ऐसे लोगों को आलू और टमाटर का सेवन कम कर देना चाहिए।

सकारात्मक प्राणिक आहार

प्राण शून्य और नकारात्मक प्राणिक पदार्थों को छोड़कर सभी—सब्जियाँ, सूखे मेवे, अंकुर, फल—सकारात्मक प्राण ऊर्जा वाले खाद्य पदार्थ हैं।

कुछ ऐसे सकारात्मक प्राणिक खाद्य पदार्थ हैं जिनका सेवन कुछ ख़ास बीमारियों से ग्रसित लोगो को नहीं करना चाहिए। अगर आपको दमा है, साइनस या सांसों या कफ़ से जुड़ी समस्या है तो आपको केले, कटहल और पके हुए चुकन्दर से परहेज करना चाहिए, इनसे कफ़ बढ़ता है।

केले के तने का जूस

गुड़हल के फूल की चाय

गेहूँ की
कॉफी

अदरक
धनिया की
कॉफी

बीन्स और
मकई सलाद

ब्रोकोली
खीरा
सलाद

पालक और फलों का सलाद

गाजर का चुरमुरा

ईशा योग केन्द्र में भोजन करने से पहले आह्वान किया जाता है। यह एक ऐसा वातावरण बनाने में मदद करता है, जिसमें आपके द्वारा ग्रहण किया गया भोजन आपके शरीर के पोषण के लिए सबसे बेहतरीन तरीके से काम करे।

“

‘हमारी परम्परा में, साधु-सन्तों और आध्यात्मिक साधकों की सेवा करने का बड़ा महत्व रहा है। दरअसल बहुत से लोगों के लिए तो सेवा का मार्ग ही उनकी साधना रही है। अन्नदान सेवा करने का सबसे सुन्दर तरीका है।’

सद्गुरु

”

ईशा योग केन्द्र में हर दिन दो बार, सुबह 10 बजे और शाम 7 बजे, भिक्षा हॉल (डाइनिंग हॉल) में स्वयंसेवियों द्वारा भोजन परोसा जाता है। हज़ारों लोग जमीन पर पालथी मारकर, पूर्ण शान्ति में भोजन ग्रहण करते हैं।

कावुनी अरीसी
कांजी

कम्बू और रागी की
चटनी और साथ में
कुलुम्बू (कुट्टू) के पकौड़े

सकारात्मक प्राणिक आहार	शून्य प्राणिक आहार	नकारात्मक प्राणिक आहार

अक्षया (ईशा रसोई) एक सदा व्यस्त रहने वाली जगह है। ईशा योग केन्द्र में अलग-अलग समूहों के खानपान के लिए, अक्षया लगभग 3500 लोगों को हर रोज़ साठ अलग-अलग व्यंजन परोसती है। वहाँ ब्रह्मचारी, आश्रम के स्वयंसेवियों, कार्यक्रम के प्रतिभागियों, ईशा होम स्कूल और ईशा संस्कृति के छात्रों, मेहमानों और आगन्तुकों के लिए अलग-अलग मेन्यु हैं। रविवार के दिन आश्रम-दर्शन और आवासीय योग कार्यक्रम के कारण अन्य एक हज़ार लोगों के लिए सौ व्यंजन तैयार किये जाते हैं, जबकि महाशिवरात्रि जैसे पर्वों पर लगभग 30,000 लोगों के भोजन के लिए नब्बे प्रकार के व्यंजन बनाए जाते हैं।

केले के फूल की दाल तड़का

अवियाल

मूँगफली
शिमला मिर्च
की सब्जी

कुलुम्बू
पकौड़ा

ईशा योग केन्द्र में एकादशी के व्रत के बाद रात्रि का भोजन

अप्पम के साथ
गरी का दूध

हरे डोसे के साथ चटनी और सांभर

लौकी की मुठिया

सहजन फली की चटनी,
एवोकाडो की चटनी
और
तूअर की दाल की चटनी

केले की
रोटी

खजूर
के गोले

पेठे का
हलवा

गरी और आम
की बर्फी

वेल्लिंगिरी पहाड़ों की तलहटी में बने ईशा योग केन्द्र का एक हवाई दृश्य।

मास्टर शेफ—सद्‌गुरु। सद्‌गुरु खाने के शौकीन हैं, और कुशलता से भोजन में शामिल होने वाले हर मसाले और संघटक पर ध्यान देते हैं। क्या आपने कभी उनके द्वारा पकाये गये भोजन का स्वाद चखा है? अगर नहीं, तो तैयार हो जायें उस विस्फोटक स्वाद के लिए जिसकी आजीवन दास बन जाती हैं स्वादेन्द्रियाँ।

चुनी हुई दालें, मसाले और अनाज

मूँग दाल

धुली मूँग दाल

धुली चना दाल

धुली तूअर दाल

धुली उड़द दाल

मेंथी के बीज

सरसों के बीज

धनिया के बीज

अलसी

ज्वार

कम्बू या बाजरा

रागी

एकादशी उपवास

अगर आप शरीर के प्राकृतिक चक्र पर गौर करेंगे तो आपको पता चलेगा कि मण्डल नाम की एक चीज होती है। मण्डल का मतलब है कि हर 40 से 48 दिनों में शरीर एक खास चक्र से गुजरता है।

हर चक्र में तीन दिन ऐसे होते हैं जिनमें आपके शरीर को भोजन की आवश्यकता नहीं होती। अगर आप अपने शरीर को लेकर सजग हो जायेंगे तो आपको खुद भी इस बात का अहसास हो जायेगा कि इन दिनों में शरीर को भोजन की जरूरत नहीं होती। इनमें से किसी भी एक दिन आप बिना भोजन के आराम से रह सकते हैं।

11 से 14 दिनों में एक दिन ऐसा भी आता है, जब आपका कुछ भी खाने का मन नहीं करेगा। उस दिन आपको नहीं खाना चाहिए। आपको यह जानकार हैरानी होगी कि कुत्ते और बिल्लियों के अन्दर भी इतनी सजगता होती है। कभी गौर से देखें, किसी खास दिन वे कुछ भी नहीं खाते। दरअसल, अपने सिस्टम के प्रति वे पूरी तरह सजग होते हैं। जिस दिन सिस्टम कहता है कि आज खाना नहीं चाहिए, वह दिन उनके लिए शरीर की सफाई का दिन बन जाता है और उस दिन वे कुछ भी नहीं खाते। अब आपके भीतर इतनी जागरूकता नहीं कि आप उन खास दिनों को पहचान सकें। फिर क्या किया जाये! बस इस समस्या के समाधान के लिए अपने यहाँ एकादशी का दिन तय कर दिया गया। हिन्दी महीनों के हिसाब से देखें तो हर 14 दिनों में एक बार एकादशी आती है। इसका मतलब हुआ कि हर 14 दिनों में आप एक दिन बिना खाए रह सकते हैं। अगर आप बिना कुछ खाए रह ही नहीं सकते या आपका कामकाज ऐसा है, जिसके चलते भूखा रहना आपके वश में नहीं और भूखे रहने के लिए जिस साधना की जरूरत होती है, वह भी आपके पास नहीं है, तो आप फलाहार ले सकते हैं। कुल मिलाकर बात इतनी है कि बस अपने सिस्टम के प्रति जागरूक हो जायें और यह देखने की

कोशिश करें कि कुछ दिन ऐसे हैं, जिनमें आपको खाने की आवश्यकता महसूस नहीं होती। इन दिनों जबर्दस्ती खाना अच्छी बात नहीं है।

उपवास के नियम

कैसे करें उपवास? अगर कोई एक निश्चित समय के लिए उपवास करना चाहता है तो उपवास करने के लिए उसे कोई साधना करनी चाहिए। बिना अपने शरीर और दिमाग को तैयार किये अगर आप जबर्दस्ती उपवास करने की कोशिश करेंगे तो इससे आपकी सेहत को नुकसान होगा। लेकिन आपका शरीर और दिमाग अगर पूरी तरह तैयार हैं और ऊर्जा के मामले में भी आपको कोई समस्या नहीं है तो बेशक उपवास रखना आपके लिए बहुत लाभकारी होगा। एक बात और, अगर आप बार-बार चाय और कॉफी पीने के आदी हैं और उपवास रखने की कोशिश करते हैं तो आपको बहुत ज्यादा दिक्कत होगी। इस समस्या का तो एक ही हल है। अगर आप उपवास रखना चाहते हैं तो सबसे पहले अपने खानपान की आदतों को सुधारें। पहले सही तरह का खाना खाने की आदत डालें, तब उपवास की सोचें। अगर खाने की अपनी इच्छा को आप जबर्दस्ती रोकने की कोशिश करेंगे तो यह आपके शरीर को हानि पहुँचाएगा।

आप महीने में एक या दो बार सिर्फ जूस का सेवन कर सकते हैं। आप पूरे दिन हल्के गर्म पानी में शहद डालकर पी सकते हैं। या फिर आप नारियल पानी पी सकते हैं, पर सबसे अच्छा पेठे का रस होगा। अगर आप सिर्फ रस का सेवन नहीं कर पायें, तो आप फलाहार कर सकते हैं। ये आपके शरीर के लिए आरामदायक होगा, और आपके पाचन तन्त्र को एक दिन के लिए आराम मिल जायेगा।

इस तरह उपवास करने से शरीर में मौजूद कैंसर कोशिकाओं की संख्या में कमी आती है, क्योंकि एक कैंसर कोशिका को एक सामान्य कोशिका की तुलना में लगभग चालीस से पचास गुना ज्यादा भोजन की जरूरत होती है। अगर आप शरीर को खाना न दें, तो शरीर में मौजूद कैंसर कोशिकाएं—जो कि सभी के शरीर में मौजूद होती हैं—पहले मर जायेंगी, क्योंकि भोजन के बिना वे जीवित नहीं रह सकतीं।

आप अपने एक दिन का भोजन किसी ऐसे इंसान को दे सकते हैं, जिसके पास खाने के लिए भोजन नहीं है। ये उनके लिए बहुत अच्छा होगा, और आपके लिए भी बहुत अच्छा होगा।

नाश्ता

मकई और सब्ज़ियों के रोल

सामग्री

मकई का आटा	1 कप
गेहूँ का आटा	1 कप
आलू	2 मध्यम आकार के
बन्दगोभी	¼ छोटा
फ्रेंच बीन्स	7-8
गाजर	1 बड़ी
हरे मटर	1 कप
तेल	3 छोटे चम्मच + तलने के लिए
राई	1 छोटा चम्मच
धुली उड़द दाल	½ बड़ा चम्मच
कड़ी पत्ते	7-8
नमक	1 छोटा चम्मच
पिसी हुई कालीमिर्च	स्वादानुसार
पिसी हुई हल्दी	½ छोटा चम्मच
पिसा हुआ गरम मसाला	½ छोटा चम्मच
ताज़ा हरा धनिया	4-5 टहनियाँ

विधि

आलू को उबालकर ठण्डा करें और मसल लें। बन्दगोभी को बारीक काट लें। बीन्स के धागे निकालें और बारीक काटें। गाजर का पतला छिलका निकालें और बारीक काटें। चौड़े पतीले में 2 छोटे चम्मच तेल गरम करें। राई डालें और जैसे ही फूटने लगे, दाल और कड़ी पत्ते डालें। बीन्स, गाजर, हरे मटर डालकर 1-2 मिनट तक भूनें। फिर ढंक कर धीमी आँच पर पकाएँ। बन्दगोभी डालें और

नरम होने तक पकाएँ। नमक, कालीमिर्च और हल्दी डालें और 1-2 मिनट तक पकाएँ। फिर डालें आलू और गरम मसाला और अच्छी तरह मिला लें। आँच से हटाएँ और हरे धनिये को काटकर डालें। अच्छी तरह मिला लें। ठण्डा करें और छोटे-छोटे हिस्से करें। मकई का आटा और गेहूँ के आटे को कटोरे में डालें और आवश्यकतानुसार पानी डालकर, मध्यम से नरम लोई बना लें। इसके छोटे-छोटे हिस्से करें और कप का आकार बना लें। हर एक में सब्ज़ी का एक हिस्सा भरें और पेड़ा बना लें। फिर हल्के हाथ से अण्डाकार आकार बना लें। कड़ाही में काफ़ी सारा तेल गरम करें और रोल को सुनहरा होने तक तल लें। निकाल कर टिश्यु पेपर पर रखें ताकि अतिरिक्त तेल सोख ले। गरमागरम परोसें।

खजूर के गोले

सामग्री

काले खजूर	20
काजू	10
बादाम	6
सूखा नारियल	½
कद्दू के बीज	1 बड़ा चम्मच

विधि

खजूर के बीज निकालें। फिर बड़ी और गहरी थाली में रखें और हाथों से मसल लें। काजू और बादाम को दरदरा कूट लें या काट लें। खजूर में डालें। कद्दू के बीज भी डालें और सब कुछ हाथों से मिला लें। छोटे-छोटे हिस्से करें ओर पेड़े बना लें। नारियल को कद्दूकस करें और दूसरी थाली में रखें। खजूर के गोलों को नारियल पर रखें और हर एक को नारियल से लपेट लें। परोसें।

नोट: इसे आप 10 दिन तक फ्रिज में रख सकते हैं। चाहें तो पिस्ता और अखरोट भी डाल सकते हैं।

काजू और पुदीने के पकोड़े

सामग्री

काजू	2 कप
ताज़े पुदीने के पत्ते	½ कप
बेसन	1½ कप
अदरक का पेस्ट	1 छोटा चम्मच
पिसी हुई लाल मिर्च	1 छोटा चम्मच
सौंफ	1 छोटा चम्मच
नमक	स्वादानुसार
तेल	तलने के लिए

विधि

पुदीने को काट लें। बेसन कटोरे में डालें और साथ में लें काजू, पुदीना, अदरक का पेस्ट, लाल मिर्च, सौंफ और स्वादानुसार नमक। फिर थोड़ा-थोड़ा पानी धीरे-धीरे इसमें डालें और सब कुछ मिला लें। कड़ाही में तलने के लिए तेल गरम करें, इस मिश्रण के छोटे-छोटे हिस्से हाथ से या चम्मच से गरम तेल में डालें और सुनहरा होने तक तलें। तेल से निकाल कर टिश्यु पेपर पर रखें ताकि अतिरिक्त तेल सोख लें। गरमागरम परोसें।

लोबिये के गुलगुले

सामग्री

उकड़े चावल का आटा	1 कप
लोबिया	¾ कप
गुड़	¾ कप
ताज़ा नारियल	½
घी	2 छोटे चम्मच
पिसी हुई छोटी इलाइची	½ छोटा चम्मच

विधि

चावल के आटे को अच्छी महक आने तक सेंक लें। फिर आँच से हटा लें और ठण्डा करें। इसी प्रकार लोबिये को भी सेंक लें। फिर प्रेशर कुकर में 2 कप पानी के साथ 4 सीटी आने तक पकाएँ। आँच से हटा लें और प्रेशर पूरा हटने पर ढक्कन खोलें और लोबिये को कड़छी से मसल लें। चाहें तो मिक्सर में भी पीस सकते हैं। गहरे पतीले में गुड़ को 2 कप पानी के साथ उबालें और गुड़ के घुल जाने पर आँच से हटा लें। फिर छान लें और चाशनी को आँच पर फिर से रख दें। नारियल को कद्दूकस करें और घी, पके हुए लोबिये, इलाइची और चावल के आटे के साथ चाशनी में डालें। सब कुछ अच्छी तरह मिला लें। धीमी आँच पर पकाएँ जब तक मिश्रण पतीले की बगलों को छोड़ने न लगे। आँच से हटा लें और सामान्य तापमान तक ठण्डा करें। छोटे हिस्से करें और गोल आकार दें। इडली के स्टीमर में रखें और 10-12 मिनट तक भाप दें। परोसें।

नोट: आप चाहें तो चावल के आटे की जगह पर रागी का आटा इस्तेमाल कर सकते हैं।

रागी के पकोड़े

सामग्री

रागी का आटा	1 कप
बेसन	½ कप
पिसी हुई लाल मिर्च	½ छोटा चम्मच
नमक	स्वादानुसार
कड़ी पत्ते	10-12
ताज़ा हरा धनिया	4-5 टहनियाँ
बन्दगोभी	¾ कप
जीरा	1 छोटा चम्मच
तिल	1 बड़ा चम्मच
मक्खन	1 बड़ा चम्मच
तेल	तलने के लिए

विधि

रागी का आटा, बेसन, लाल मिर्च, स्वादानुसार नमक और कड़ी पत्ते गहरे कटोरे में डालें। हरा धनिया काट कर डालें। बन्दगोभी को काटकर डालें। मक्खन को पिघला कर डालें। सब कुछ अच्छी तरह मिला लें। फिर थोड़ा-थोड़ा पानी धीरे-धीरे इसमें डालें और सब कुछ मिला लें। कड़ाही में तलने के लिए तेल गरम करें। इस मिश्रण के छोटे-छोटे हिस्से हाथ से या चम्मच से गरम तेल में डालें और सुनहरा होने तक तलें। तेल से निकाल कर टिश्यु पेपर पर रखें ताकि अतिरिक्त तेल सोख ले। गरमागरम परोसें।

मसाला नट्स

•••••••••••••••••••••••••••••••••••

सामग्री

कच्ची मूँगफली	250 ग्राम
कॉर्नफ्लोर	½ कप
मैदा	½ कप
बेसन	½ कप
साँभर पाउडर	½ बड़ा चम्मच
पिसी हुई लाल मिर्च	½ छोटा चम्मच
पिसा हुआ जीरा	½ छोटा चम्मच
नमक	स्वादानुसार
तेल	तलने के लिए

विधि

कड़ाही में काफी सारा तेल गरम करने रखें। गहरे कटोरे में तीनों आटों को रखें। इसमें डालें साँभर पाउडर, लाल मिर्च और नमक। दो से तीन छोटे चम्मच गुनगुना गरम तेल डालें। फिर धीरे-धीरे पानी डालकर घोल तैयार कर लें। मूँगफली को घोल में डालें और फिर एक-एक कर के तेल में डालें। ध्यान रहे कि कड़ाही को बहुत न भरें। मध्यम आँच पर तल लें। निकाल कर टिश्यु पेपर पर अतिरिक्त तेल सोखने के लिए रखें। ज़ायकेदार नाश्ता तैयार है।

नारियल के दूध के गुलगुले

सामग्री

चावल का आटा	2 कप
नमक	स्वादानुसार (इच्छानुसार)
गुड़	1½ कप
पिसी हुई छोटी इलाइची	1 छोटा चम्मच
ताज़ा नारियल का दूध	परोसने के लिए

विधि

चावल के आटे को कटोरे में रखें और धीरे-धीरे 2 कप पानी डालकर मिलाएँ और लोई तैयार कर लें। चाहें तो एक चुटकी नमक डालें। इस दौरान, गुड़ को गहरे पतीले में 1 कप पानी के साथ डालकर उबालें। गुड़ के घुलने पर, चाशनी को छान कर आँच पर फिर से रख दें। इलाइची डालकर मिला लें। लोई के छोटे-छोटे हिस्से करें और गुलगुले तैयार कर लें। गहरे पतीले में 2 कप पानी डालकर उबालें और चावल के गुलगुलों को डालें और मध्यम आँच पर पकाएँ। पकने पर गुलगुले ऊपरी तल पर तैरने लगेंगे। चाशनी डालकर 6-8 मिनट तक पकाएँ। फिर डालें नारियल का दूध और उबाल आने दें। आँच से हटा दें। गरम या ठण्डा परोसें।

नमकीन गुलगुले

सामग्री

धुली उड़द दाल	1 कप
नमक	स्वादानुसार
तेल	3 छोटे चम्मच
राई	1 छोटा चम्मच
लाल मिर्च	3
ताज़ा नारियल	1
उकड़ा चावल	500 ग्राम

विधि

पहले भरवन के लिए दाल को धोकर 3 कप पानी में 2 घण्टों तक भिगो लें। निथारें और आवश्यकतानुसार ताज़े पानी के साथ पीस कर इडली के जैसा घोल तैयार करें। स्वादानुसार नमक डालकर मिला लें। फिर चिकनी की हुई थाली में डालें और इडली के स्टीमर में भाप दें। ठण्डा करें, एक इंच के टुकड़े काटें। कड़ाही में तेल गरम करें और राई डालें। जैसे ही फूटने लगे, लाल मिर्च डालें। फिर पकी हुई दाल के टुकड़े डालें और ज़रा-सा कुरकुरा होने तक भूनें। नारियल को कद्दूकस करें, डालें और मिला लें। आँच से हटा दें। ऊपर की परत बनाने के लिए, चावल को धोकर मोटे कपड़े पर फैला कर छाँव में सुखाने रखें सूखने पर, बारीक पीस लें। इस आटे को साफ़-सुथरे सफेद कपड़े में रख कर पोटली में बाँध लें। इस पोटली को इडली के स्टीमर में रखें और 10-12 मिनट भाप दें। स्टीमर से बाहर निकालें और पूरा ठण्डा होने दें। फिर आटे को छान लें। मोटी परत वाली कड़ाही में डालकर 5-6 मिनट तक सेंक लें। फिर ठण्डा करें। इस आटे की थोड़ी-सी मात्रा लें। गरम पानी और नमक डाल कर मध्यम से नरम लोई तैयार कर लें। फिर छोटे-छोटे हिस्से करें और थपथपाकर चपटा कर लें। इसमें रखें तड़का लगा हुआ एक दाल का टुकड़ा और आटे से ढककर गुलगुला बना लें। बाकी के

गुलगुले इसी प्रकार बना लें। सभी को मीनार के जैसे इडली के स्टीमर में सजा दें। छ: से आठ मिनट तक भाप दें। स्वादिष्ट नमकीन गुलगुले तैयार।

नोट: अतिरिक्त चावल के आटे को हवा-बन्द डिब्बे में भविष्य में इस्तेमाल करने के लिए रखें।

सब्ज़ी के गुलगुले

सामग्री

उकड़े चावल का आटा	1 कप
आलू	1 बड़ा
बन्दगोभी	¼ छोटी
फ्रेंच बीन्स	7-8
गाजर	1 बड़ी
मूँगफली/तिल का तेल	3 छोटे चम्मच
राई	1 छोटा चम्मच
धुली उड़द दाल	½ बड़ा चम्मच
कड़ी पत्ते	7-8
हरे मटर	1 कप
नमक	स्वादानुसार
पिसी हुई कालीमिर्च	स्वादानुसार
पिसी हुई हल्दी	½ छोटा चम्मच
पिसा हुआ गरम मसाला	½ छोटा चम्मच
ताज़ा हरा धनिया	4-5 टहनियाँ

विधि

आलू को उबाल कर, ठण्डा करें और फिर मसल लें। बन्दगोभी को बारीक काट लें। बीन्स के धागे निकालें और बारीक काटें। गाजर का पतला छिलका निकालें और बारीक काटें। चौड़े मुख वाले पतीले में 2 छोटे चम्मच तेल गरम करें। राई डालें और जैसे ही फूटने लगे, दाल और कड़ी पत्ते डाल दें। बीन्स, गाजर, मटर डालें और 1-2 मिनट तक भूनें। ढक्कन लगाएँ और धीमी आँच पर पकाएँ। बन्दगोभी डालें और नरम होने तक पकाएँ। नमक, कालीमिर्च और

हल्दी डालकर मिला लें। एक से दो मिनट पकाएँ। आलू और गरम मसाला डालकर मिला लें। आँच से हटा दें, हरा धनिया काट कर डालें और मिलाएँ। ठण्डा करें और छोटे-छोटे हिस्से बना लें। चावल के आटे को हल्का सेंक लें। जैसे ही अच्छी महक आने लगे, आँच से हटा लें। एक छोटा चम्मच तेल और स्वादानुसार नमक डालें और आवश्यकतानुसार गुनगुना गरम पानी लेकर मध्यम से नरम लोई तैयार कर लें। इसके छोटे-छोटे हिस्से करें और फिर सभी को छोटी-सी प्याली का आकार दें, पर किनारे पतले रखें। हर एक में सब्ज़ी के भरावन का एक हिस्सा डालें और पूरा बन्द कर के गुलगुला तैयार करें। इसी प्रकार बाकी गुलगुले भी तैयार करें। इडली के स्टीमर में 10-12 मिनट भाप दें। परोसें।

टिफिन

सद्‌गुरु समझाते हैं कि किस तरह हम सबसे बेहतर ढंग से भोजन करते हुए अपने दिन को बेहतरीन बना सकते हैं।

'आपको दिन भर खाते नहीं रहना चाहिए। अगर आप तीस साल से कम उम्र के हैं, तो दिन में तीन बार खाना आपके जीवन के लिए उपयुक्त होगा। अगर आप तीस से अधिक के हैं, तो उसे घटाकर दिन में दो बार कर दें। हमारा शरीर और दिमाग तभी सबसे बेहतर तरीके से काम करता है, जब पेट खाली हो। सजग रहें और इस तरह खायें कि ढाई घण्टों के भीतर, भोजन पेट की थैली से बाहर हो जाये और बारह से अठारह घण्टों में, वह पूरी तरह शरीर के बाहर हो। अगर आप इस साधारण बात को दिमाग में रखें, तो आप अधिक ऊर्जा, फुर्ती और सजगता महसूस करेंगे। ये एक कामयाब जीवन के तत्व हैं, भले ही आपने कोई भी काम चुना हो।'

सद्‌गुरु

मसाला चपाती

सामग्री

बासी चपाती	5
गाजर	1 छोटी
बन्दगोभी	¼ छोटी
हरे मटर	½ कप
आलू	1
फूलगोभी	थोड़े से छोटे टुकड़े
तेल	2 बड़े चम्मच
राई	1 छोटा चम्मच
धुली उड़द दाल	1 छोटा चम्मच
सौंफ	¼ छोटा चम्मच
कड़ी पत्ते	10-12
टमाटर	2 मध्यम आकार के
पिसी हुई अदरक	½ छोटा चम्मच
पिसा हुआ गरम मसाला	¼ छोटा चम्मच
पिसी हुई लाल मिर्च	¼ छोटा चम्मच
पिसी हुई हल्दी	1 छोटा चम्मच
पिसा हुआ जीरा	1 छोटा चम्मच
नमक	स्वादानुसार
हरा धनिया	4-5 टहनियाँ

विधि

गाजर को कद्दूकस कर लें। बन्दगोभी और आलू को लम्बाई में पतला-पतला काट लें। फूलगोभी के छोटे टुकड़े करें। चपाती के तीन इंच लम्बे टुकड़े करें। एक कड़ाही में तेल गरम करें। इसमें डालें राई, उड़द दाल और सौंफ और जैसे ही यह फूटने लगे, कड़ी पत्ते डाल दें। फिर टमाटर काटकर डालें। अब डालें अदरक, गरम मसाला, लाल मिर्च, हल्दी, नमक और टमाटर नरम होने तक पकाएँ। अब डालें कटी हुईं सब्ज़ियाँ और थोड़ा-सा पानी। नरम होने तक पकाएँ। चपाती के टुकड़े डालें और सब कुछ अच्छी तरह साथ में भूनें। हरा धनिया काटें, ऊपर छिड़कें और परोसें।

मूँगदाल खिचड़ी

सामग्री

छिलकेवाली मूँगदाल	¾ कप
चावल	¾ कप
अदरक	2 इंच का टुकड़ा
घी	3 छोटे चम्मच
जीरा	½ छोटा चम्मच
लौंग	4
कड़ी पत्ते	10-12
पिसी हुई हल्दी	¼ छोटा चम्मच
नमक	स्वादानुसार
काली मिर्च	4-6 दाने

विधि

दाल और चावल को धोकर निथार लें। अदरक को पीस लें। प्रेशर कुकर में घी गरम करें। इसमें डालें जीरा और लौंग। जैसे ही फूटने लगे, अदरक डालकर भूनें। फिर डालें कड़ी पत्ते, 5-6 कप पानी और दाल और चावल। अच्छी तरह मिला लें। हल्दी नमक डालें। उबाल आने दें और ऊपर बनी झाग को बैठ जाने दें। कुकर को ढक्कन लगाकर बन्द करें और 4-5 सीटी बजने तक आँच पर रखें। फिर आँच से हटा दें और ठण्डा होने दें। फिर ढक्कन खोलें और खिचड़ी को कढ़ी से साथ परोसें।

भरवां परांठे

मूली का परांठा

सामग्री

गेहूँ का आटा	1½ कप + अतिरिक्त
नमक	स्वादानुसार
मूली	2 मध्यम आकार की
आलू	1 मध्यम आकार का
तेल	1 छोटा चम्मच + पकाने के लिए
राई	1 छोटा चम्मच
सौंफ	1 छोटा चम्मच
पिसी हुई हल्दी	½ छोटा चम्मच
पिसा हुआ धनिया	1 छोटा चम्मच
पिसी हुई लाल मिर्च	1 छोटा चम्मच

विधि

एक गहरे कटोरे में आटे के साथ ¾ कप पानी और नमक डालें और आटा गूँथ कर मध्यम नरम तैयार कर लें। ज़रूरत पड़े तो थोड़ा-सा पानी और डालें। चपाती के लोई के जैसे ही गूँदें। ढंक कर 20 मिनट तक अलग रखें। आलू को उबालें, छीलकर मसल लें। इस दौरान मूली का पतला छिलका निकालें और मोटा मोटा कद्दूकस कर लें। निचोड़ कर अतिरिक्त रस निकाल लें। कड़ाही में 1 छोटा चम्मच तेल गरम करें। राई डालें और जैसे ही फूटने लगे, सौंफ और मूली डालें। फिर डालें हल्दी, धनिया, लाल मिर्च और नमक और सारा पानी सूख जाने तक भूनें। इसके छोटे छोटे हिस्से करें—गिनती में आटे के पेड़ों जितने। एक आटे के पेड़ों को सूखा आटा लगाकर थोड़ा-सा बेल कर मोटी-सी रोटी बनायें और बीच

में रखें एक हिस्सा मूली का। फिर आटे को मोड़कर मूली को ढंक दें और फिर से बेल कर परांठा बना लें। तवे को गरम करें और परांठे को दोनों ओर से तेल लगाकर पकाएँ। गरमागरम परोसें।

आलू के परांठे

मूली के परांठे और आलू के परांठे की विधि एक जैसी है। अन्तर सिर्फ़ उसमे भरने वाली सामग्री का है। इसमें 2-3 आलू उबाल कर छील लें और हाथ से मसल लें। उसमें 1-2 बारीक कटी हुई हरी मिर्च, नमक और गरम मसाला आवश्कतानुसार डाल लें और फिर आटे की लोई में भर कर रोटी की तरह बेलें। फिर परांठे की तरह घी लगा के सेक लें।

गोभी के परांठे

इनमें आलू की जगह फूल गोभी कद्दूकस कर लें। उसमे नमक, गरम मसाला और लाल मिर्च पाउडर स्वादानुसार डाल लें। अच्छे से मिक्स कर लोई में भरें। फिर परांठे बना लें।

पनीर के परांठे

पनीर को कद्दूकस कर लें और उसमें नमक, गरम मसाला और बारीक कटी हुई हरी मिर्च साथ में हरा धनिया मिक्स करलें। लोई में भर कर परांठे बनाएँ।

नोट: भरवां परांठे दही/धनिया चटनी और अचार के साथ परोसें। स्वाद दुगना हो जायेगा।

टिप्स: जो दाल/सब्जी खाने में बच जाती है उसे अगले दिन आटे में गूँथ लें। फिर उसके परांठे बना लें। बहुत स्वादिष्ट परांठे बनते हैं।

चावल का पुट

सामग्री

चावल का आटा	500 ग्राम
नमक	स्वादानुसार
ताज़ा नारियल	1

विधि

एक कटोरे में चावल का आटा रखें और नमक डालें। थोड़ा-थोड़ा गुनगुना गरम पानी छिड़कते हुए धीरे धीरे आटे को भिगा लें। मुट्ठी भर कर देखें—आटा भरा रहना चाहिए पर छोड़ने पर सूखी सूजी जैसे गिरना चाहिए। नारियल को कद्दूकस कर लें। पुटु की छन्नी से आटे को छान लें। फिर पुटु बनाने के खास यन्त्र में थोड़ा-सा चावल का आटा डालें। इस पर डालें थोड़ा-सा नारियल। फिर से इसी क्रमांक में आटा और नारियल भरते रहें जब तक यन्त्र आधा भर जाये। बीस से पच्चीस मिनट तक भाप दें। फिर परोसें। पुटु के साथ आप परोस सकते हैं—तला हुआ पापड़, केला, चीनी और पका हुआ मूँग।

सूजी का ढोकला

सामग्री

सफेद सूजी	1 कप
खट्टी दही	½ कप
चीनी	1 बड़ा चम्मच
नमक	स्वादानुसार
तेल	1 बड़ा चम्मच
ताज़ा नारियल	¼
पिसी हुई अदरक	1 छोटा चम्मच
तिल	1 छोटा चम्मच
राई	1 छोटा चम्मच
खाने का सोडा (सोडा बाइकार्ब)	½ छोटा चम्मच
कड़ी पत्ते	10-12
हरा धनिया	6-8 टहनियाँ

विधि

सूजी को एक गहरे बर्तन में रखें और इसमें डालें खट्टा दही, चीनी, नमक, अदरक और एक छोटा चम्मच तेल। अच्छी तरह मिला लें और धीरे-धीरे पानी डालें ताकि एकसार घोल बनें। घोल मध्यम गाढ़ा होना चाहिए, न पतला न बहुत गाढ़ा। ढंक कर गरम जगह में 2-3 घण्टों तक खट्टा होने रख दें। पकाने से पहले, घोल पर छिड़कें खाने का सोडा और अच्छी तरह फेंट लें। एक गहरी थाली में तेल लगाएँ और फैला लें। सूजी का घोल इस में डालें। एक चौड़े मुख वाले बर्तन में पानी डालें। इस में डालें एक स्टील का स्टेण्ड और इस पर ढोकले की थाली रख दें। एक बड़े ढक्कन से ढंक दें और 20 मिनट तक पकाएँ। फिर थाली को आँच से हटा लें और 4-5 मिनट तक ठण्डा करें। फिर छोटे छोटे टुकड़ें काट

लें। एक कड़ाही में तेल गरम करें। इसमें डालें राई और जैसे ही फूटने लगे कड़ी पत्ते डालकर, तड़के को ढोकले के ऊपर डाल दें। नारियल को कद्दूकस कर के ढोकले के ऊपर छिड़क दें। फिर हरा धनिया काटकर छिड़कें। पुदीने और धनिये की चटनी के साथ परोसें।

नोट: आप चाहे तो ½ छोटा चम्मच खाने के सोडा की जगह 1 छोटा चम्मच बेकिंग पाउडर या 1 छोटा चम्मच इनो फ्रूट साल्ट का इस्तेमाल कर सकते हैं।

सूजी का पुट

सामग्री

सफेद सूजी	250 ग्राम
ताज़ा नारियल	1
नमक	स्वादानुसार

विधि

सूजी को अच्छी महक आने तक सेकें। फिर ठण्डा करें और एक कटोरे में रखें। फिर नमक डालें और धीरे-धीरे पानी डालते हुए आटा गूँथ लें। नारियल को कद्दूकस करें। पुटु बनाने के खास यन्त्र में थोड़ा-सी सूजी डालें। इस पर डालें थोड़ा-सा नारियल। फिर से इसी क्रमांक में सूजी और नारियल भरते रहें जब तक यन्त्र भर जाये। बीस से पच्चीस मिनट तक भाप दें। फिर परोसें। पुटु के साथ आप परोस सकते हैं—केला और/अथवा चीनी।

पालक अड़ई

सामग्री

ताज़ा पालक	½ गुच्छा
हरी शिमला मिर्च	1 छोटी
गेंहू का आटा	¾ कप
बेसन	¾ कप
मकई का आटा	¼ कप
नाचनी का आटा	¼ कप
अदरक	½ इंच का टुकड़ा
पिसा हुआ जीरा	¼ छोटा चम्मच
पिसा हुआ गरम मसाला	¼ छोटा चम्मच
पिसी हुई कालीमिर्च	स्वादानुसार
नमक	स्वादानुसार
तेल	आवश्यकतानुसार

विधि

पालक को धोकर काट लें। शिमला मिर्च से बीज निकाल लें, फिर बारीक काट लें। फिर एक कटोरे में सभी प्रकार के आटे, कटा हुआ पालक और शिमला मिर्च रखें। फिर पानी डालकर मिलाएँ और दोसे का घोल बना लें। अदरक को छीलकर काटें और घोल में डालकर मिला लें। फिर डालें जीरा, गरम मसाला, कालीमिर्च और नमक। अच्छी तरह मिला लें। तवे को गरम करें और तेल लगाकर घोल से दोसे बना लें। गरमागरम परोसें।

चुकन्दर और साबुदाना का उपमा

सामग्री

बड़ा साबुदाना	1-¼ कप
चुकन्दर	½ मध्यम आकार का
फ्रेंच बीन्स	10-12
कच्ची मूँगफली	¼ कप
आलू	1 मध्यम आकार का
तेल	2 बड़े चम्मच
राई	1 छोटा चम्मच
जीरा	1 छोटा चम्मच
कड़ी पत्ते	10-12
पिसी हुई लाल मिर्च	1 छोटा चम्मच
नमक	स्वादानुसार
ताज़ा नारियल (इच्छानुसार)	2 इंच का टुकड़ा

विधि

साबुदाना को धो लें और 2½ कप पानी में 2½ - 3 घण्टों तक भिगो लें। फिर छन्नी में डालें और जब पानी निकल जाये, एक मोटे कपड़े पर 1½ - 2 घण्टे अच्छी तरह सुखा लें। चुकन्दर को छील कर कद्दूकस कर लें। बीन्स के धागे निकालें और बारीक काट लें। मूँगफली को ¼ कप पानी के साथ एक कटोरे में रखें। ढक्कन लगायें। प्रेशर कुकर में एक छेद वाले स्टेण्ड पर रखें। ढक्कन पर एक धुला हुआ आलू रख दें। कुकर को बन्द करें और मध्यम आँच पर 1 सीटी बजने तक पकाएँ। ठण्डा करें, कुकर खोलें, आलू ठण्डा होने दें फिर छील कर काट लें। एक कड़ाही में तेल गरम करें और राई डालें। जैसे ही फूटने लगे, जीरा और कड़ी पत्ते डालें। अब डालें बीन्स और पानी छिड़कें। ढक्कन लगाकर बीन्स

पकाएँ। फिर डालें चुकन्दर और धीमी आँच पर 3-4 मिनट भूनें। बीन्स पकने पर, मूँगफली और आलू डालकर मिला लें। लाल मिर्च और नमक डालें। साबुदाना डालकर मिला लें। एक मिनट तक पकाएँ। नारियल को कद्दूकस करें, डालें और मिला लें। परोसें।

नोट: साबुदाना की कुछ किस्मों को कपड़े पर सुखाने की ज़रूरत नहीं पड़ती। छन्नी में ही रखें।

घीये का मुठिया

सामग्री

घीया	400 ग्राम
मोटा गेहूँ का आटा	1½ कप
बेसन	2 बड़े चम्मच
चीनी	2 छोटे चम्मच
पिसी हुई हल्दी	½ छोटा चम्मच
पिसी हुई लाल मिर्च	1 छोटा चम्मच
नमक	स्वादानुसार
दही	आवश्यकतानुसार
तेल	5 बड़े चम्मच
खाने का सोडा (सोडा बाईकार्ब)	1 चुटकी
हरा धनिया	¼ कप
राई	1 छोटा चम्मच
कड़ी पत्ते	10-12
सफेद तिल	1 बड़ा चम्मच

विधि

घीये को धोकर दो हिस्से लम्बाई में काटें। एक गहरे कटोरे में कद्दूकस कर लें। फिर जो छिलका आप की हथेली में रह जाता है, उसे फेंक दें। घीये को निचोड़ कर रस निकालें और रस को अलग रखें। घीये में डालें आटा, बेसन, चीनी, हल्दी, लाल मिर्च, नमक और 3 बड़े चम्मच तेल। बहुत हल्के हाथ से सामग्री को एकत्रित करें और थोड़े दही और घीये के रस की सहायता से नरम आटा गूँथ लें। ऊपर से छिड़कें खाने का सोडा और मिला लें। हरा धनिया काट कर डालें (इसमें से दो बड़े चम्मच सजावट के लिए अलग रख दें)। आटे के हिस्से कर,

लम्बे मोटे केले की आकार दें। एक चिकनी छन्नी पर रखें और इसे रखें इडली के स्टीमर में। पच्चीस से तीस मिनट तक भाप दें। छुरी चुभो कर देखें कि मुठिया बना है कि नहीं। छुरी साफ बाहर आयी तो मुठिया तैयार है। फिर आँच से हटा लें और ठण्डा करें। गोल पीस में काट लें। एक कड़ाही में 2 बड़े चम्मच तेल गरम करें और राई डालें। जैसे ही फूटने लगे, कड़ी पत्ते डालें। फिर डालें मुठिया और कुरकुरे होने तक भूनें। फिर डालें तेल और एक मिनट तक भूनें। धनिये से सजाकर गरमागरम परोसें और साथ में दें पुदीने और धनिये की चटनी।

रागी और बाजरा जैसे साबुत अनाज कैल्शियम के बहुत बढ़िया स्रोत हैं। उनसे रोटियाँ, डोसा, बिस्कुट, दलिया और स्वादिष्ट लड्डू भी बनाए जा सकते हैं।

रागी

रागी मूल रूप से पूर्वी अफ्रीका का अनाज है और भारत में करीब 4,000 सालों से उगाया जा रहा है।

रागी को सबसे पौष्टिक अनाजों में से एक माना जाता है। यूनाइटेड स्टेट्स नेशनल एकेडेमिक्स द्वारा प्रकाशित अध्ययन 'द लॉस्ट क्रॉप्स ऑफ अफ्रीका' (अफ्रीका की लुप्त फसलें) में कहा गया है,

"रागी को लेकर दुनिया का रवैया बदला जाना चाहिए। यह फसल सबसे पौष्टिक अनाजों में एक है। वास्तव में, कुछ किस्मों में मेथियोनाइन का उच्च स्तर पाया जाता है। यह एक ऐमिनो एसिड है जिसकी कसावा और केले (प्लेंटेन) जैसे स्टार्ची खाद्य पदार्थों पर जीवन गुजारने वाले करोड़ों गरीबों के आहार में कमी होती है। विदेशी हमेशा से यूगाण्डा और दक्षिणी सूडान के लोगों की मजबूत कद-काठी देखकर हैरान होते रहे हैं कि वे दिन में सिर्फ़ एक बार भोजन करके इतनी मेहनत कैसे कर लेते हैं। रागी इसकी मुख्य वजह लगती है।"

रागी में उच्च जैविक महत्व वाला प्रोटीन मौजूद होता है, यानी शरीर उसे आसानी से ग्रहण कर लेता है। मनुष्य के स्वास्थ्य के लिए बहुत ज़रूरी कई एमिनो एसिड रागी में पाये जाते हैं, जिनकी अधिकांशतः दूसरे अनाजों में कमी होती है। आहारीय खनिज भी बड़ी मात्रा में पाये जाते हैं, खासकर कैल्शियम जो दूसरे अनाजों के मुकाबले पाँच से तीस गुना अधिक सघनता में पाया जाता है। फॉस्फोरस और आयरन भी अधिक होता है।

हैरत की बात है कि रागी जैसे मोटे अनाज आम तौर पर गेहूँ या चावल से सस्ते होते हुए भी उनसे अधिक पौष्टिक हैं।

रागी का डोसा

सामग्री

रागी का आटा	1 कप
मोटा उड़द दाल का आटा	1 कप
जीरा (इच्छानुसार)	1 छोटा चम्मच
नमक	स्वादानुसार
कड़ी पत्ते	8-10
तेल	पकाने के लिए

विधि

दोनों आटों को एक गहरे बर्तन में रखें और धीरे-धीरे पानी डालते हुए, डोसे के जैसा घोल तैयार कर लें। इसे 2 घण्टों के लिए अलग रखें। इसमें डालें जीरा, नमक और हाथों से तोड़े हुए कड़ी पत्ते। फिर गरम तवे पर डोसे बनाएँ और तेल लगाकर पकाएँ।

नोट: आप चाहें तो मोटे उड़द दाल के आटे की जगह पर इडली का आटा इस्तेमाल कर सकते हैं।

आप को अगर 2 घण्टों के लिए घोल को नहीं रखना है तो ¼ कप खट्टी दही डालें और घोल को 15-20 मिनट तक ही रख कर फिर डोसे बना लें।

रागी, पालक और सब्ज़ियों का डोसा

सामग्री

ताज़ी पालक	1 गुच्छा
रागी का आटा	2 कप
डोसे का आटा	1 कप
नमक	स्वादानुसार
बन्दगोभी	¼ छोटा
गाजर	3 मध्यम आकार की
तेल	1 छोटा चम्मच + पकाने के लिए
राई	1 छोटा चम्मच
चने की दाल	1 बड़ा चम्मच
धुली उड़द दाल	1 बड़ा चम्मच
कड़ी पत्ते	10-12

विधि

पालक को साफ करें और अच्छी तरह धो कर नरम होने तक पका लें। ठण्डा करें और मिक्सर में पीस लें। पिसी हुई पालक को एक गहरे कटोरे में रखें। इसमें डालें रागी का आटा, डोसे का आटा, नमक स्वादानुसार और अच्छी तरह मिला लें और साथ में डालें थोड़ा-थोड़ा पानी और मिला कर डोसे का घोल तैयार करें। बन्दगोभी को बारीक काटें। गाजर का पतला छिलका उतारें और फिर बारीक काट लें। एक कड़ाही में तेल गरम करें। राई डालें और जैसे ही फूटने लगे, दालें और कड़ी पत्ते डालें और आधा मिनट तक भूनें। फिर डालें कटी हुई बन्दगोभी और गाजर और पकायें। घोल में डालें और मिलाएँ। दो घण्टों तक खट्टा होने रखें। डोसा तवा गरम करें। इस पर थोड़ा-सा तेल डालें और एक कढ़छी भर

के घोल डालें और गोलाकार बनायें। इसमें थोड़े से छेद बनायें और चारों ओर थोड़ा-थोड़ा-सा तेल डालें। फिर एक ऊँचे ढक्कन से ढंक दें। धीमी आँच पर पकाएँ। डोसे को पलट दें और दूसरी ओर भी कुरकुरा होने दें। फिर परोसें।

रागी का पुट

सामग्री

रागी का आटा	1 कप
चावल का आटा	1 कप
नमक	स्वादानुसार
तेल	3 छोटे चम्मच
राई	1 छोटा चम्मच
लाल मिर्च	3
कड़ी पत्ते	12-14
ताज़ा नारियल	½
पिसी हुई लाल मिर्च	स्वादानुसार

विधि

एक गहरे कटोरे में रागी और चावल का आटा साथ में छान लें। नमक को 2-4 बड़े चम्मच पानी में घोल लें और फिर आटे पर छिड़क दें। फिर और पानी डालें और आटे को पुटु जैसा बना लें। फिर बड़े छेद वाली छन्नी से छान लें। एक गीले कपड़े पर फैला दें और इडली स्टीमर में रखें और 10-15 मिनट तक पकाएँ। एक कड़ाही में तेल की आधी मात्रा गरम करें और पका हुआ पुटु इसमें डालें। फिर मध्यम आँच पर 2-3 मिनट भूनें। नारियल को कद्दूकस करें और डालें और पिसी हुई लाल मिर्च भी छिड़क दें। दूसरे पैन में बाकी तेल गरम करें और राई डालें। जैसे ही फूटने लगे, लाल मिर्च और कड़ी पत्ते डालें। फिर इस तड़के को तले हुए पुटु पर डालें और आँच से हटा दें। गरमागरम परोसें।

रागी का अप्पम

सामग्री

रागी का आटा	1 कप
चावल का आटा	1 कप
तेल	1 छोटा चम्मच
नमक	स्वादानुसार
ताज़ा नारियल	½
पिसा हुआ गुड़/चीनी	स्वादानुसार

विधि

दोनों आटों को गहरे कटोरे में रखें और तेल डालें। नमक डालें और गरम पानी के साथ नरम लोई तैयार कर लें। ढंक दें और 10 मिनट तक अलग रखें। मुरुकु बनाने के यन्त्र पर तेल लगायें। फिर लोई को इसमें डालकर दबाएँ और सफाई से लम्बी-लम्बी डोरी के समान निकालें और चिकनी इडली बनाने के खाचें में रखें। फिर इडली स्टीमर में 10-12 मिनट तक भाप दें। निकालें और परोसने की थाली में रखें। नारियल को कद्दूकस करें और अप्पम पर छिड़क दें। फिर ऊपर छिड़कें पिसा हुआ गुड़। सब कुछ हल्के हाथ से मिला लें। परोसें।

हरा भरा डोसा

सामग्री

उकड़ा चावल	2 कप
धुली उड़द दाल	¼ कप
चने की दाल	1 छोटा चम्मच
तुवर दाल	1 छोटा चम्मच
मेथी दाना	½ छोटा चम्मच
ताज़ा हरा धनिया	1 गुच्छा
अदरक	1 इंच का टुकड़ा
नमक	स्वादानुसार
पिसी हुई कालीमिर्च	स्वादानुसार
मक्खन/तेल	पकाने के लिए

विधि

चावल और दालों को धो लें और मेथी दाने के साथ 5-6 कप पानी में 6 घण्टों तक भिगो दें। इस दौरान, धनिये को साफ़ करें, धोकर काटें, अदरक को काटें और दोनों को थोड़े से नमक के साथ पीस लें। चावल और दालों से पानी निथार लें और पीस लें। फिर इसमें डालें पिसा हुआ हरा मसाला और पानी ताकि डोसे का घोल तैयार हो। नमक स्वादानुसार डालें। फिर 4-5 घण्टे खट्टा होने रखें। कालीमिर्च डालकर मिला लें। मक्खन उपयोग करते हुए स्वादिष्ट और कुरकुरे डोसे बनाएँ।

नोट: आप चाहें तो 2 कप चावल की जगह पर 1 कप चावल और 1 कप अंकुरित मूँग इस्तेमाल कर सकते हैं।

अप्पम

• •

सामग्री

कच्चे चावल	2 कप
उकड़ा चावल	2 कप
धुली उड़द दाल	¼ कप
नमक	स्वादानुसार

विधि

दोनों चावल को अच्छी तरह धो लें और काफी सारे पानी में कुछ घण्टों के लिए भिगो दें। इसी तरह दाल भी धो लें और काफी सारे पानी में 1-2 घण्टों तक भिगो लें। फिर चावल और दाल से पानी निथार लें और दोनों को अलग-अलग बारीक पीस लें। रात भर खट्टा होने के लिए रखें। अप्पम का तवा गरम करें। कढ़छी भर के घोल इस पर डालें और तवे को उठाकर थोड़ा-सा घुमाएँ ताकि घोल फैल जाये। ढक्कन लगाएँ और 2-3 मिनट तक मध्यम से धीमी आँच पर पकाएँ। जब बीच से पक जाये और बाजूओं से तवे से हटने लगे, अप्पम को तवे से उतार लें। पलटें नहीं। परोसें।

नोट: आप चाहें तो मीठे अप्पम गुड़ के साथ बना सकते हैं। थोड़ा-सा गुड़ गरम पानी में घोलें और फिर छान लें। चाशनी को अप्पम के घोल में डालकर मिला लें और फिर अप्पम बना लें।

मकई की सूजी का उपमा

सामग्री

मकई की सूजी	250 ग्राम
गाजर	1 मध्यम आकार की
फ्रेंच बीन्स	7-8
हरी शिमला मिर्च	1 छोटी
तेल	3 बड़े चम्मच
राई	1 छोटा चम्मच
लाल मिर्च	5
हरे मटर	2 बड़े चम्मच
पिसी हुई हल्दी	½ छोटा चम्मच
ताज़े पुदीने के पत्ते	¼ कप
नमक	स्वादानुसार
नीम्बू का रस	1 छोटा चम्मच
ताज़ा हरा धनिया	4-5 टहनियाँ
ताज़ा नारियल	2 इंच का टुकड़ा

विधि

गाजर का पतला छिलका निकालें और फिर बारीक काट लें। बीन्स से धागे निकालें और बारीक काट लें। शिमला मिर्च को भी बारीक काट लें। मकई की सूजी को कड़ाही में रखें और अच्छी महक आने तक सेंक लें। कड़ाही से निकालें। फिर तेल गरम करें और राई डालकर फूटने दें। लाल मिर्च डालें। गाजर, बीन्स, शिमला मिर्च, मटर, हल्दी और पुदीना डालें और 1 मिनट तक भूनें। फिर डालें 3 कप पानी और उबाल आने दें। नमक डालें। मकई की सूजी डालें और तुरन्त अच्छी तरह मिलाएँ ताकि गुठ्ली न रहें। कड़ाही में चिपकने न दें। फिर नीम्बू का रस डालें और अच्छी तरह मिलाएँ। हरा धनिया काटें। नारियल को कद्दूकस करें। दोनों उपमा में डालें और कड़ाही को आँच से हटा दें। परोसें।

साबुदाने की खिचड़ी

सामग्री

सबुदाना	100 ग्राम
उबले हुए आलू	2
भुनी हुई मूँगफली दाना	50 ग्राम
नीम्बू	1
तेल	50 मिली लीटर
टमाटर	2
जीरा	¼ चम्मच
हरी मिर्च, हरा धनिया, नमक	स्वादानुसार

विधि

सबुदाना को धो कर पानी में कम से कम 7-8 घण्टे भिगो दें। अगर सुबह बनानी है तो रात को भिगो दें। बनाने से पहले हलके हाथ से थोड़ा-सा निचोड़ लें और एक साफ कपडे पर फैला दें। टमाटर के छोटे टुकड़े कर लें। मूँगफली छीलकर दरदरी पीस लें। हरी मिर्च बारीक काट लें। कडाही में तेल डाल कर गरम करें। जीरा डाल कर तड़कने दें। सारे मसाले डाल कर भून लें। सबुदाना डाल कर हलके हाथ से चलाएँ। सभी चीज़ें मिल जायें तो धनिया पत्ती डाल दें और नीम्बू निचोड़ दें। गरमा गर परोसें।

मिक्स सब्जियों की नमकीन सेंवई

सामग्री

सेवई	1 कटोरी
देसी घी	4 चम्मच
गाजर	1
मटर	10-12 फली
टमाटर	2
कड़ी पत्ता	10-12
हरी मिर्च	2-3
प्याज	आवश्कतानुसार
नमक, गरम मसाला	स्वादानुसार

विधि

कढ़ाही में 2 चम्मच घी डाल कर गर्म करें। इसमें सेंवई डाल कर हल्की गैस पर भूनें। जब खुशबू आने लगे और रंग भूरा होने लगे तो अलग प्लेट में निकाल लें। सभी सब्जियों को बारीक काट लें। मटर छीलकर दाने निकाल लें। अगर प्याज डालनी है तो लम्बी-लम्बी काट लें। कड़ाही में बाकी घी डाल कर सभी सब्जियाँ और कड़ी पत्ता डाल दें। अच्छे से भून लें। फिर नमक मसाला डाल दें। मिला कर दो कटोरी पानी डालकर उबाल आने दें। सेंवई डालकर ढक दें। गैस को सिम पर कर दें। 15 मिनट में सेंवई पक कर तैयार हो जायेगी। गरमा गर्म परोसें।

चावल के व्यंजन

ध्यान में रखें

• •

यह सुनिश्चित करना ज़रूरी है कि आपके आहार में सिर्फ़ एक या दो अनाज ही शामिल न हों। बहुत से पौष्टिक लेकिन अक्सर उपेक्षित कर दिये जाने वाले अनाज उपलब्ध होते हैं, जो हमारे आहार का महत्वपूर्ण हिस्सा बन सकते हैं।

"आजकल डॉक्टरों का कहना है कि 40 फीसदी भारतीय मधुमेह की बीमारी की ओर बढ़ रहे हैं। इसकी एक वजह यह है कि अधिकतर भारतीयों के आहार में एक ही अनाज शामिल होता है। लोग सिर्फ़ चावल या सिर्फ़ गेहूँ खा रहे हैं। इससे निश्चित तौर पर स्वास्थ्य समस्याएँ उत्पन्न हो सकती हैं। अपने जीवन में अलग-अलग अनाजों के आहार को शामिल करना ज़रूरी है।

पहले लोग हमेशा ढेर सारे चने, दालें, फलियाँ और दूसरी चीज़ें खाते थे। लेकिन धीरे-धीरे वे चीज़ें खत्म होती गयीं और आज अगर आप किसी दक्षिण भारतीय की थाली देखें, तो उसमें काफी सारा चावल और थोड़ी-सी सब्जी होगी। यह एक गम्भीर समस्या है। पिछले पच्चीस या तीस सालों में पूरी तरह कार्बोहाइड्रेट आहार की ओर इस प्रस्थान को पलटने की ज़रूरत है क्योंकि सिर्फ़ ढेर सारा कार्बोहाइड्रेट लेने और बाकी चीज़ें कम मात्रा में खाने से लम्बे समय में किसी व्यक्ति का स्वास्थ्य ख़राब हो सकता है। यह एक बुनियादी वैचारिक बदलाव है जो लोगों के दिमाग में होना चाहिए। आहार का अधिकांश हिस्सा चावल नहीं, बल्कि बाकी चीज़ें होनी चाहिए। चावल आपकी पसन्द के ऊपर है—कि आप खाना चाहते हैं या नहीं, आप अपनी भूख के मुताबिक फैसला कर सकते हैं।"

—सद्‌गुरु

कर्नाटक पुलिधरा : 2 तरीकों से

1

सामग्री

चावल	2 कप
इमली	1 नीम्बू जितना गोला
मेथी दाना	¼ छोटा चम्मच
दालचीनी	1 इंच का टुकड़ा
सूखा साबुत धनिया	1 बड़ा चम्मच
लाल मिर्च	6
जीरा	½ छोटा चम्मच
कालीमिर्च	¼ छोटा चम्मच
नमक	स्वादानुसार
मूँगफली/तिल का तेल	5 छोटे चम्मच
गुड़	2 बड़े चम्मच
राई	1 छोटा चम्मच
धुली उड़द दाल	½ बड़ा चम्मच
चने की दाल	½ बड़ा चम्मच
मूँगफली	3 बड़े चम्मच (टूटी हुई)
कड़ी पत्ते	15-20
तिल	½ छोटा चम्मच
सूखा नारियल	½

विधि

चावल को धोकर प्रेशर कुकर में रखें। चार कप पानी डालकर 4 सीटी बजने तक पकाएँ। आँच से हटाएँ और प्रेशर पूरा हटने पर ढक्कन खोलें और चावल को ठण्डा करें। कुछ मिनट पश्चात् चावल को बड़ी थाली में फैला कर ठण्डा करें। ध्यान रहे कि चावल बहुत नरम न बने। इमली को ½ कप पानी में 10 मिनट तक भिगो दें। फिर निचोड़ कर रस निकालें और अलग रखें। मेथी दाना और दालचीनी को मोटे तले वाली कड़ाही में डालकर अच्छी महक आने तक सेंक लें। सूखा साबुत धनिया, 4 लाल मिर्च, जीरा और कालीमिर्च डालकर साथ में सेकें और फिर आँच से कड़ाही हटा दें। ठण्डा करें और बारीक पीस लें। इसे फिर इमली के रस के साथ पतीले में डालें और उबाल आने दें। एक छोटा चम्मच तेल और स्वादानुसार नमक डालकर मध्यम आँच पर पकाएँ। जैसे ही गाढ़ा होने लगे, गुड़ को तोड़ कर डालें और जैसे ही गुड़ पिघलने लगे, आँच से हटा लें। दूसरी कड़ाही मे 4 छोटे चम्मच तेल गरम करें। राई डालें और जैसे ही फूटने लगे, उड़द दाल, चने की दाल और 2 लाल मिर्च डालें। मूँगफली को हल्का-सा कूट कर इसमें डालें। फिर मूँगफली सुनहरी होने तक भूनें। कड़ी पत्ते डालें और पुलियोग्रे में डालकर मिला लें। बाकी बचे तेल को गरम कड़ाही में डालें और तिल डालें। जैसे ही फूटने लगे इससे पुलियोग्रे में डालें। नारियल को कद्दूकस करें। इसी कड़ाही में नारियल को अच्छी महक आने तक सेंक लें। आँच से हटा लें और पुलिधरा में डालकर मिला लें। फिर इसे थोड़ा-थोड़ा चावल में डालें और अपने स्वाद के अनुसार डालें। अच्छी तरह से मिला लें। परोसें।

2

सामग्री

चावल	2 कप
मूँगफली/तिल का तेल	5 छोटे चम्मच
इमली	2 नीम्बू जितने गोले

धुली उड़द दाल	1 बड़ा चम्मच
चने की दाल	1-¾ बड़े चम्मच
लाल मिर्च	7
मेथी दाना	1½ छोटे चम्मच
सूखा साबुत धनिया	1 बड़ा चम्मच
मूँगफली	1 छोटा चम्मच
कड़ी पत्ते	15-20
नमक	स्वादानुसार
साँभर पाउडर	1 बड़ा चम्मच

विधि

चावल को धोकर प्रेशर कुकर में रखें। चार कप पानी डालकर 4 सीटी बजने तक पकाएँ। आँच से हटाएँ और प्रेशर पूरा हटने पर ढक्कन खोलें और चावल को ठण्डा करें। कुछ मिनट पश्चात् चावल को बड़ी थाली में फैला कर ठण्डा करें। चावल के ऊपर 3 छोटे चम्मच तेल डालें और हल्के हाथ से मिला लें। इमली को 1 कप पानी में 10 मिनट तक भिगो दें। फिर निचोड़ कर रस निकालें और अलग रखें। कड़ाही में 1 छोटा चम्मच तेल गरम करें। उड़द दाल, ¾ बड़ा चम्मच चने की दाल, 5 लाल मिर्च, 1 छोटा चम्मच मेथी दाना और 1 छोटा चम्मच सूखा साबुत धनिया डालें और इन्हे ज़रा लाल होने तक भूनें। आँच से हटाएँ और ठण्डा करें। बारीक पीस लें। इसी कड़ाही में बाकी बचा तेल गरम करें। बाकी बचा मेथी दाना, चने की दाल, लाल मिर्च डालें और साथ में डालें मूँगफली और कड़ी पत्ते और अच्छी महक आने तक सेंक लें। इमली का रस, नमक और साँभर पाउडर डालें। इसे उबालें ताकि काफ़ी ठोस बन जाये और मात्रा भी घट जाये। पुलियोग्रे तैयार है। परोसने के लिए, पुलियोग्रे को चावल में डालकर अच्छी तरह मिला लें। फिर पिसा हुआ मसाला छिड़क कर मिला लें।

चुकन्दर के पोहे

सामग्री

चुकन्दर	1 मध्यम आकार का
मोटे पोहे	1 कप
अदरक	1 इंच का टुकड़ा
नारियल का तेल	2 छोटे चम्मच
राई	1 छोटा चम्मच
चने की दाल	1 छोटा चम्मच
धुली उड़द दाल	1 छोटा चम्मच
कड़ी पत्ते	12-14
लाल मिर्च	4
नमक	स्वादानुसार
नीम्बू का रस	1 छोटा चम्मच
ताज़ा हरा धनिया	4-5 टहनियाँ
ताज़ा नारियल	4 इंच का टुकड़ा

विधि

पोहों को छलनी में रख कर 30 सेकेण्ड के लिए पानी से धो लें। फिर छलनी में ही 5-6 मिनट तक निथार लें। मोटे कपड़े पर फैला कर अच्छी तरह सुखा लें। चुकन्दर को छील कर मोटा-मोटा कद्दूकस कर लें। अदरक को छील कर बारीक कद्दूकस कर लें। कड़ाही में तेल डालें और गरम करें। राई डालें और जैसे ही फूटने लगे, दालें, कड़ी पत्ते, लाल मिर्च, अदरक और चुकन्दर डाल दें। धीमी आँच पर कच्ची महक निकल जाने तक भूनें। फिर पोहे डालें और मिला लें। स्वादानुसार नमक और नीम्बू का रस डालकर मिला लें। आँच से हटा लें। नारियल को कद्दूकस करें और छिड़क दें। परोसें।

नोट: यह व्यंजन टिफिन के लिए अनुकूल है।

कड़ी पत्ता और रागी के पोहे

सामग्री

रागी के पोहे	2 कप
तेल	2 छोटे चम्मच
कड़ी पत्ते	½ कप
लाल मिर्च	3
राई	1 छोटा चम्मच
धुली उड़द दाल	1 छोटा चम्मच
जीरा	1 छोटा चम्मच
नमक	स्वादानुसार
ताज़ा नारियल	½
नीम्बू	½

विधि

रागी के पोहों को छलनी में रख कर 30 सेकेण्ड के लिए पानी से धो लें। फिर छलनी में ही 8-10 मिनट तक निथार लें। मोटे कपड़े पर फैला कर अच्छी तरह सुखा लें। मोटे तले वाली कड़ाही में 1 छोटा चम्मच तेल गरम करें और कड़ी पत्ते डालकर धीमी आँच पर कड़क होने तक भूनें। लाल मिर्च डालें और 5-6 मिनट भूनें। ठण्डा करें और मिक्सर में बारीक पीस लें। बाकी बचा तेल कड़ाही में डालें और राई डालें। जैसे ही फूटने लगे, दाल और जीरा डालें। फिर पोहे डालकर मिला लें। नमक और पिसे हुए कड़ी पत्ते डालें और मिलाएँ। नारियल को कद्दूकस करें, डालें और मिलाएँ। नीम्बू का रस छिड़क कर मिला लें और परोसें।

फल और पोहों के गोले

सामग्री

पतले पोहे	½ कप
बीज रहित खजूर	8
सेब	½
ताज़ा नारियल	½
घी	3 बड़े चम्मच
काजू	8-10
पिसी हुई छोटी इलाइची	½ छोटा चम्मच
गुड़, कद्दूकस किया हुआ	आवश्कतानुसार

विधि

पोहों को छलनी में रख कर 30 सेकेण्ड के लिए पानी से धो लें। फिर छलनी में ही 5-6 मिनट तक निथार लें। मोटे कपड़े पर फैला कर अच्छी तरह सुखा लें। खजूर और सेब को बारीक काट लें। नारियल को कद्दूकस कर लें। कड़ाही में घी गरम करें। इसमें काजू डालकर सुनहरा होने तक तल लें। ठण्डा करें और दरदरा कूट लें। पोहों को गहरे कटोरे में रखें। इसमें डालें खजूर, सेब, नारियल, इलाइची, गुड़, काजू और कड़ाही में बचा घी। हाथों से मिला लें और छोटे-छोटे गोलों का आकार दें। परोसें।

नीम्बू के पोहे

सामग्री

नीम्बू	1
पतले पोहे	2 कप
चने की दाल	2-3 छोटे चम्मच
तेल	2 छोटे चम्मच
राई	½ छोटा चम्मच
धुली उड़द दाल	2-3 छोटे चम्मच
कड़ी पत्ते	10-12
लाल मिर्च	2
अदरक	1 इंच का टुकड़ा
पिसी हुई हल्दी	1 चुटकी
नमक	स्वादानुसार
ताज़ा हरा धनिया	4-5 टहनियाँ

विधि

चने की दाल को ½ कप पानी में 20 मिनट तक भिगो दें। पोहों को छलनी में रख कर 30 सेकेण्ड के लिए पानी से धो लें। फिर छलनी में ही 5-6 मिनट तक निथार लें। मोटे कपड़े पर फैला कर अच्छी तरह सुखा लें। दाल को भी निथार लें और कपड़े पर सुखा लें। इस दौरान, कड़ाही में तेल गरम करें और राई डालें। जैसे ही राई फूटे, उड़द दाल, चने की दाल, कड़ी पत्ते और लाल मिर्च डालें। अदरक को धोकर छीलें, फिर काट लें और कड़ाही में डालें। हल्दी और नमक डाले। आधे मिनट के बाद आँच से हटा दें। पोहों को कटोरे में रखें और तैयार किया हुआ तड़का डालकर मिला लें। हरे धनिये को काटकर डालें। नीम्बू का रस निचोड़ कर डालें और मिला लें। परोसें।

बाजरा

दुनिया भर में मोटे अनाज के उत्पादन का 50 फीसदी हिस्सा हिन्दी में बाजरा और तमिल में कम्बु के नाम से प्रसिद्ध पर्ल मिलेट का है, जिसका सबसे बड़ा उत्पादक भारत है।

बाजरा में विटामिन बी और आयरन, जिंक, पोटैशियम, फॉस्फोरस, मैगनीशियम, कॉपर और मैंगनीज जैसे आहारीय खनिजों की उच्च मात्रा होती है।

बाजरा ग्लूटेन मुक्त होता है और गेहूँ से एलर्जी वाले लोगों के लिए बहुत अच्छा है। यह अनाज चावल और गेहूँ से पौष्टिक है और एमिनो एसिड के अच्छे सन्तुलन के साथ अधिक ऊर्जा देने वाला अनाज है। भारत में हुए एक शोध पर आधारित अध्ययन ने दर्शाया कि दालों और बाजरा पर आधारित आहार मानव विकास के लिए गेहूँ आधारित आधार से अधिक बेहतर है। अध्ययनों में यह भी पाया गया है कि जब चावल के बदले आंशिक या पूरी तरह बाजरा को आहार में शामिल किया जाता है, तो पौष्टिकता काफी बढ़ जाती है।

बाजरा के पोहे

सामग्री

बाजरा के पोहे	1½ कप
गाजर	1 छोटी
ताज़ा नारियल	2 इंच का टुकड़ा
तेल	2 छोटे चम्मच
राई	1 छोटा चम्मच
धुली उड़द दाल	1 छोटा चम्मच
चने की दाल	1 छोटा चम्मच
मेथी दाना, कुटा हुआ	¼ छोटा चम्मच
कड़ी पत्ते	10-12
नमक	स्वादानुसार

विधि

बाजरा के पोहों को छलनी में रख कर 30 सेकेण्ड के लिए पानी से धो लें। फिर छलनी में ही 8-10 मिनट तक निथार लें। मोटे कपड़े पर फैला कर अच्छी तरह सुखा लें। गाजर का पतला छिलका निकालें; नारियल को कद्दूकस करें। छोटी कड़ाही में तेल गरम करें। राई डालें और जैसे ही फूटने लगे, दालें, मेथी दाना और कड़ी पत्ते डाल दें। पोहे और नमक डालकर मिला लें। गाजर और नारियल डालकर मिला लें। परोसें।

कालीमिर्च पोहा

• •

सामग्री

कालीमिर्च के दाने	12
मोटे पोहे	3 कप
कड़ी पत्ते	16-18
जीरा	1 छोटा चम्मच
धुली उड़द दाल	2 छोटे चम्मच
नमक	स्वादानुसार
तेल	2 छोटे चम्मच
राई	½ छोटा चम्मच
ताज़ा हरा धनिया	3-4 टहनियाँ

विधि

छोटी कड़ाही में, एक एक कर के, कालीमिर्च, 10-12 कड़ी पत्ते, जीरा और दाल सेंक लें। अच्छी महक आने पर आँच से हटा लें। ठण्डा करें और मिक्सर के जार में डालें। बारीक पीस लें। इस दौरान, पोहों को छलनी में रख कर 30 सेकेण्ड के लिए पानी से धो लें। फिर छलनी में ही 5-6 मिनट तक निथार लें। मोटे कपड़े पर फैला कर अच्छी तरह सुखा लें। इनमें पिसा हुआ मसाला और स्वादानुसार नमक डालें। कड़ाही में तेल गरम करें और राई डालें। जैसे ही फूटने लगे, बाकी बचे कड़ी पत्ते डालें। इसे फिर पोहों में डालकर मिला लें। हरा धनिया काट कर डालें और मिला लें। तुरन्त परोसें।

रागी के पोहे

सामग्री

रागी के पोहे	1½ कप
बन्दगोभी	100 ग्राम
मेथी दाना	½ छोटा चम्मच
तेल	2 छोटे चम्मच
राई	1 छोटा चम्मच
धुली उड़द दाल	1 छोटा चम्मच
चने की दाल	1 छोटा चम्मच
कड़ी पत्ते	10-12
नमक	स्वादानुसार
पिसी हुई काली मिर्च	स्वादानुसार

विधि

पोहों को छलनी में रख कर 30 सेकेण्ड के लिए पानी से धो लें। फिर छलनी में ही 8-10 मिनट तक निथार लें। मोटे कपड़े पर फैला कर अच्छी तरह सुखा लें। बन्दगोभी को बारीक काट लें। मेथी दाने को दरदरा कूट लें। कड़ाही में तेल डालकर गरम करें। राई डालें और जैसे ही फूटने लगे, दालें, कड़ी पत्ते और मेथी दाना डालें। एक मिनट पश्चात् बन्दगोभी, स्वादानुसार नमक और पिसी हुई काली मिर्च डालकर मिला लें। एक मिनट तक भूनें। पोहे डालकर मिला लें। परोसें।

मकई का पोहा

•••••••••••••••••••••••••••••••••••

सामग्री

मकई का पोहा	1½ कप
गाजर	1 छोटी
फ्रेंच बीन्स	5-6
बन्दगोभी	50 ग्राम
तेल	2 छोटे चम्मच
राई	1 छोटा चम्मच
धुली उड़द दाल	1 छोटा चम्मच
चने की दाल	1 छोटा चम्मच
मेथी दाना	½ छोटा चम्मच
कड़ी पत्ते	10-12
नमक	स्वादानुसार

विधि

मकई के पोहों को छलनी में रख कर 30 सेकेण्ड के लिए पानी से धो लें। फिर छलनी में ही 8-10 मिनट तक निथार लें। मोटे कपड़े पर फैला कर अच्छी तरह सुखा लें। गाजर का पतला छिलका निकालें और बारीक काट लें। बीन्स के धागे निकालें और बारीक काट लें। बन्दगोभी को भी बारीक काट लें। कड़ाही में तेल डालें और गरम करें। राई डालें और जैसे ही फूटने लगे दालें, मेथी दाना और कड़ी पत्ते डाल दें। फिर सब सब्ज़ियाँ डालें और धीमी आँच पर पकाएँ। मकई के पोहे डालकर मिला लें। स्वादानुसार नमक डालकर मिला लें और परोसें।

संजीवनी के व्यंजन

संजीवनी एक पौष्टिक आटा है जो ईशा योग केन्द्र में उपलब्ध है। इस आटे में 14 महत्वपूर्ण तत्व हैं जो ऊर्जा प्रदान करते हैं और यह 100% प्राकृतिक उत्पाद है। हर एक ईशा योग केन्द्र पर संजीवनी आटा उपलब्ध है।

संजीवनी डोसा

सामग्री

संजीवनी आटा	1 कप
डोसे का आटा	1 कप
नमक	स्वादानुसार
तेल	आवश्यकतानुसार

विधि

कटोरे में संजीवनी आटा और डोसे का आटा डालकर नमक मिला लें। आवश्यकतानुसार पानी डालकर डोसे का घोल तैयार कर लें। बीस मिनट तक अलग रखें। डोसे का तवा गरम करें और कम से कम तेल का इस्तेमाल कर के डोसे बना लें।

संजीवनी पनियारम

सामग्री

संजीवनी आटा	1 कप
डोसे का आटा	1 कप
हरी शिमला मिर्च	¼
कड़ी पत्ते	10-12
ताज़ा हरा धनिया	4-5 टहनियाँ
गाजर	1 छोटी
ताज़ा नारियल	2" का टुकड़ा
नमक	स्वादानुसार
तेल	3 बड़े चम्मच
राई	1 छोटा चम्मच
चने की दाल	1 छोटा चम्मच
धुली उड़द दाल	1 छोटा चम्मच
जीरा	½ छोटा चम्मच

विधि

शिमला मिर्च, कड़ी पत्ते और हरे धनिये को बारीक काट लें। गाजर और नारियल को कद्दूकस करें। कटोरे में संजीवनी आटा और डोसे का आटा डालकर मिला लें और शिमला मिर्च, कड़ी पत्ते, हरा धनिया, गाजर और नारियल डालें। स्वादानुसार नमक डालें। आवश्यकतानुसार पानी डालकर गाढ़ा घोल बना लें। कड़ाही मे 1 बड़ा चम्मच तेल गरम करें और राई डालें। राई फूटने लगे तो दाले और जीरा डालें। तड़के को घोल में डालकर मिला लें। पनियारम तवे को थोड़ा तेल डालकर चिकना करें और चम्मच भर-भर के घोल डालें। फिर गड्ढ़ों में थोड़ा तेल डालें और चारों ओर से पकाएँ। परोसें।

संजीवनी का सब्ज़ियों का पुट्टु

•••••••••••••••••••••••••••••••••

सामग्री

संजीवनी आटा	1 कप
नमक	स्वादानुसार
तेल	2 छोटे चम्मच
हरी शिमला मिर्च	¼
गाजर	1 छोटी
फ्रेंच बीन्स	4-5
बन्दगोभी	¼ छोटी
राई	1 छोटा चम्मच
धुली उड़द दाल	1 छोटा चम्मच
जीरा	1 छोटा चम्मच
कड़ी पत्ते	7-8
पिसी हुई काली मिर्च	1 चुटकी

विधि

संजीवनी का आटा कटोरे में डालें और नमक, 1 छोटा चम्मच तेल डालकर मिला लें। धीरे-धीरे पानी डालकर गाढ़ा घोल बना लें। पतीलें में डालें और धीमी आँच पर, चम्मच चलाते हुए, 6-7 मिनट तक पकाएँ और फिर ढक्कन से ढंक दें। आँच से हटा लें। शिमला मिर्च, गाजर, बीन्स और बन्दगोभी को बारीक काट लें। बाकी बचा तेल कड़ाही में गरम करें और राई डालें। जैसे ही फूटने लगे, दाल, जीरा, कड़ी पत्ते और सब्ज़ियाँ डाल दें। धीमी आँच पर पकाएँ। कालीमिर्च डालें। फिर पकी हुई संजीवनी डालकर मिला लें। परोसें।

नोट: आप चाहें तो घोल पतले इमली के पानी से भी तैयार कर सकते हैं।

आपका शरीर सिर्फ़ उस भोजन का ढेर है, जो आप खाते हैं। आपका शरीर कैसा होगा, यह इस बात पर निर्भर करता है कि आप भोजन को कितनी सावधानी, प्यार और कोमलता से इस्तेमाल करते हैं। जब मैं बच्चा था, तो मेरी माँ और दादी कभी किसी देवी-देवता से सम्बन्धित कोई भजन या गीत गाये बिना बच्चों के लिए भोजन तैयार नहीं करती थीं क्योंकि वे चाहती थीं कि वह भोजन शरीर के लिए अच्छा हो और इससे बहुत फ़र्क पड़ता है। बच्चा बड़ा होते हुए कभी दुखी, वंचित या उपेक्षित महसूस नहीं करेगा।

- सद्‌गुरु

दलिया

छाछ और चावल के आटे का दलिया

सामग्री

चावल का आटा	1 कप
छाछ	2½ कप
नमक	स्वादानुसार
हल्दी पाउडर	½ छोटा चम्मच
तिल का तेल	4 छोटे चम्मच
कर्ड चिल्ली	2
धुली उड़द दाल	½ छोटा चम्मच
राई	½ छोटा चम्मच
कड़ी पत्ते	7-8

विधि

चावल के आटे को छाछ में मिला लें और अच्छी तरह से फेंटें ताकि गुठलियाँ न रहें। फिर नमक और हल्दी डालकर फेंटें। अलग रख दें। मोटे तले वाले पतीले में डालकर धीमी आँच पर पकाएँ।

तिल का तेल कड़ाही में डालें, फिर कर्ड चिल्ली डालें और जैसे ही रंग बदलने लगें इन्हें निकालें और अलग रख दें।

इसी तेल में उड़द की दाल डालें और जैसे ही रंग बदलने लगे, राई और कड़ी पत्ते डालें। इसमें डालें तैयार घोल, और अच्छी तरह से मिला लें ताकि कोई गुठलियाँ न रहें। धीमी आँच पर पकाएँ।

जब मिश्रण कड़ाही की बगलों को छोड़ने लगे तो आँच से हटा लें। तली हुई कर्ड चिल्ली डालकर तुरन्त परोसें।

रागी का दलिया

सामग्री

रागी का आटा	2 छोटे चम्मच
पिसा हुआ गुड़/शक्कर	2½ छोटे चम्मच

विधि

मोटे तले वाले पतीले में 1½ कप पानी डालें। उबाल आने दें। इस दौरान, रागी के आटे को ½ कप पानी के घोल के लोई बना लें। ध्यान रहें कि कोई गुठलियाँ न रहें।

उबलते हुए पानी में डालें और चम्मच चलाते रहें ताकि गुठलियाँ न रहें। धीमी आँच पर 4-5 मिनट तक पकाएँ और अन्तराल में चम्मच चलाते रहें ताकि कंजी पतीले के तले को चिपके नहीं। जब कच्ची महक आनी बन्द हो जाये, गुड़ डालकर 2 मिनट तक पकाएँ।

आँच से हटाएँ, ठण्डा करें और परोसें।

नोट: आप चाहें तो बाजरे का आटा, मकई का आटा, कगनी का आटा, कोदरा का आटा, कुटकी का आटा, गेहूँ का आटा, सूजी, जौ या चावल के आटे से भी कंजी बना सकते हैं। बाजरे, रागी और मकई से बनी कंजी में छाछ का स्वाद अच्छा लगता है। गुड़ डालने से मीठा स्वाद आता है। गुड़ की चाशनी को छानना ज़रूरी है। आप चाहें तो कंजी को नमकीन भी बना सकते हैं। बच्चों को नारियल के दूध से बनी कंजी का स्वाद अच्छा लगता है। यह सेहत के लिए भी अच्छी है। कंजी आसानी से हज़म हो जाती है। आप भिगोई हुई मूँगफली के साथ रोज़ सुबह किसी भी प्रकार की कंजी लें, इससे दिन भर स्फ़ूर्तिवान रहेंगे।

गेहूँ का बिसिबेलेभात

सामग्री

गेहूँ का दलिया	1 कप
तुवर दाल	¾ कप
गाजर	3 मध्यम आकार की
फ्रेंच बीन्स	10-12
सहजन की फली	2
हरे मटर	½ कप
टमाटर	2 मध्यम आकार के
ताज़ा हरा धनिया	½ कप
राई	1 छोटा चम्मच
लाल मिर्च	3
कड़ी पत्ते	8-10
इमली का रस	¼ कप
नमक	स्वादानुसार
बिसिबेलेभात पाउडर	3 बड़े चम्मच
घी	3 छोटे चम्मच
काजू	10

विधि

दलिया और तुवर दाल को धोकर 3½ कप पानी में 10 मिनट तक भिगो लें। फिर प्रेशर कुकर में पानी के साथ डालें। ढक्कन लगा लें और 4 सीटी बजने तक पकाएँ।

आँच से हटा लें और प्रेशर को पूरा हटने दें। फिर ढक्कन खोलें।

गाजर को छोटे टुकड़ों में काटें। बीन्स के धागे निकालें और काट लें। सहजन की फली को दोनों छोर से काटें और 3 इंच के टुकड़ों में काट लें। इन्हें 1½ कप पानी में मटर के साथ उबालें और फिर निथार लें।

टमाटर को छोटे टुकड़ों में काटें और हरे धनिये को भी बारीक काटें।

मोटे तले वाली कड़ाही में राई, लाल मिर्च और कड़ी पत्ते डालकर अच्छी महक आने तक और सुनहरा भूरा होने तक सेंक लें।

टमाटर और पकी हुई सब्ज़ियाँ डालें और 2-3 मिनट तक पकाएँ।

फिर डालें इमली, नमक, बिसिबेलेभात पाउडर और 2 बड़े चम्मच पानी। उबाल आने दें और मध्यम आँच पर गाढ़ा होने तक पकाएँ। आठ से दस मिनट लग सकते हैं।

छोटी कड़ाही में घी गरम करें ओर काजू को सुनहरा होने तक तलें और मसाले में डालकर मिला लें। फिर पके हुए दलिया और दाल डालें और मिला लें।

आँच से हटाएँ और हरे धनिये से सजा दें।

आलू के चिप्स के साथ परोसें।

रागी की कंजी

सामग्री

रागी का आटा	5 छोटे चम्मच
नमक	स्वादानुसार

विधि

पतीले में 2 कप पानी डालें और उबाल आने दें।

इस दौरान, रागी के आटे को ½ कप पानी में घोल लें, ध्यान रहे कि कोई गुठलियाँ न रहें। नमक डालकर इसे उबलते हुए पानी में डाल दें। धीमी आँच पर चम्मच चलाते हुए 10-15 मिनट तक पकाएँ।

आप पतली कंजी पसन्द करते हैं तो थोड़ा-सा ज़्यादा गरम पानी लें। जब कंजी हाथ को चिपके नहीं तो वह पक गयी है। आँच से हटा लें, ठण्डा करें और गोले बना कर परोसें।

नोट: इसी प्रकार कंजी बाजरे, मकई, गेंहू के आटे से भी बना सकते हैं।

खसखस का मीठा दलिया

सामग्री

खसखस	¼ कप
चीनी	½ कप
दूध	2 कप
पिसी हुई छोटी इलाइची	2 चुटकी
काजू	10
घी	1 छोटा चम्मच

विधि

खसखस को 2 कप पानी में 2-3 घण्टों तक भिगो दें। फिर पानी निथारें और खसखस को मिक्सर के जार में डालें। बारीक पीस लें।

पतीले में ½ कप पानी लें। इसमें डालें चीनी। एक तार की चाशनी तैयार करें।

पिसी हुई खसखस डालें और उबालें।

कच्ची महक बन्द होने पर दूध और इलाइची डालें।

चार से पाँच मिनट तक उबालें और आँच से हटा लें।

घी में काजू को तल लें और दलिये में डालें। अच्छी तरह से मिला लें और परोसें।

उड़द दाल और खजूर शक्कर की कंजी

सामग्री

उड़द दाल की कंजी का आटा	1 कप
शक्कर/गुड़	1 कप
तिल का तेल	½ कप

विधि

शक्कर को 3 कप पानी में मिलाकर आँच पर रखें। दो उबाल आने दें। इसे मोटे कपड़े से छान कर फिर आँच पर रखें। उबाल आने दें। फिर 4 छोटे चम्मच तेल और कंजी का आटा डालकर अच्छी तरह से मिला लें ताकि गुठलियाँ न रहें। आटे को थोड़ा-थोड़ा धीरे-धीरे डालें। चम्मच लगातार चलाते रहें। बीस मिनट तक ढंक कर धीमी आँच पर पकाएँ। फिर आँच से हटाएँ और ढक्कन खोलें। आप देखेगें कि चाशनी के ऊपर परत होगी। इसे निथार लें और अलग रखें। पके हुए आटे को अच्छी तरह से मिला लें और फिर आँच पर लौटा दें। फिर अलग रखी हुई चाशनी डालकर मिला लें। बाकी बचा तिल का तेल धीरे-धीरे आटे में डालें और लगातार चम्मच चलाते रहें। आटा जब पतीले के किनारों को छोड़ने लगे तो आँच से हटा दें। ठण्डा करके छोटे गोले तैयार करें और परोसें। यह बालिकाओं की सेहत के लिए लाभदायक है।

नोट: उड़द दाल की कंजी का आटा बनाने के लिए, 500 ग्राम उड़द दाल को 50 ग्राम मेथी दाना और 50 ग्राम सोंठ के साथ सेंक लें। अच्छी महक आने पर आँच से हटाएँ और ठण्डा कर लें। फिर 500 ग्राम उकड़ा चावल मिला कर दरदरा पीस लें। हवा-बन्द बोतल में रखें।

गेहूँ का मीठा दलिया

सामग्री

गेहूँ का दलिया	1 कटोरी
चीनी	3-4 चम्मच
दूध	1 गिलास
देसी घी	2 चम्मच

विधि

प्रेशर कुकर में घी डाल कर गरम करें।

दलिया डाल कर भूने।

जब सुगन्ध आने लगे तो थोड़ा-सा पानी और चीनी डाल कर ढक्कन बन्द कर दें।

3-4 सिटी लगा लें। गैस बन्द कर दें। कुकर को ठण्डा होने दें।

ढक्कन खोल कर दूध डालें। एक उबाल आने तक गरम करें।

दलिया तैयार है।

गरमा गर्म परोसें।

चावल

चावल उबालने का सही तरीका

कहते हैं चावल उबालना सबसे आसान है पर बहुत लोगों को चावल उबालने की सही विधि ज्ञात नहीं होती। कितना भी बढ़िया चावल दे दो वह सबका लड्डू बना देंगे। जबकि चावल खिला हुआ होना चाहिए एक एक दाना अलग।

इसके लिए इन बातों का ध्यान रखें :

1. चावल को कम से कम ½ घण्टा पानी में भिगोएँ।
2. चावल को उबालने के लिए बड़े बर्तन का इस्तमाल करें जिससे चावल को फैलने की जगह मिले।
3. ज्यादा पानी डाल कर उबाल लगाये। इससे चिपकेंगे नहीं। उबालते समय 1 चम्मच तेल या घी डाल दें।
4. चावल सफ़ेद बने इसके लिए उबालते समय कुछ बूँदें नीम्बू की निचोड़ दें।
5. पूरा गलायें नहीं। हल्का-सा खड़ा रखें क्योंकि बहार निकालने के बाद ठण्डा होने तक एक सिकाई हो जाती है।
6. जब आप समझे की गल गये तो तुरन्त गैस बन्द कर दें और पूरा पानी छान दें।

मिक्स वेज पुलाव

सामग्री

चावल बासमती	1 कटोरी
देसी घी	3 चम्मच
मटर	200 ग्राम
गाजर	1
फूल गोभी	½
आलू	2
बीन्स	10
प्याज	आवश्कतानुसार
तेज पत्ता	2
जीरा	½ चम्मच
हल्दी, नमक, गरम मसाला	स्वादानुसार

विधि

चावल को धो कर पानी में 1 घण्टा भिगो दें।

मटर छीलकर दाने निकाल लें। आलू छीलकर छोटे-छोटे टुकड़ों में काट लें। इसी तरह गोभी, बीन्स और प्याज लम्बी-लम्बी काट लें।

पतीले में घी डाल कर गरम करें जीरा डाल कर चटकाएँ। फिर तेज पत्ता, हल्दी, नमक और गरम मसाला डाल कर चलायें। सब्जियाँ डाल कर हल्कि गैस पर भूनते रहें। थोड़ी देर भूनने के बाद उसमें 2 कटोरी पानी डाल दें। उबाल आने पर चावल डाले। गैस को सिम पर कर दें और पतीले को ढक दें। 20 मिनट में पुलाव तैयार हो जायेगा। गैस बन्द कर दें और गरमागरम परोंसे।

चाहें तो दही या रायता के साथ खा सकते हैं।

जीरा चावल

सामग्री

चावल बासमती	1 कटोरी
देसी घी	2 चम्मच
जीरा	1 चम्मच
नमक, गरम मसाला	स्वादानुसार

विधि

चावल को धो कर 1 घण्टे पानी में भिगो दें।

पतीले में घी गरम करें और जीरा चटकाएँ।

नमक, गरम मसाला डाल कर 2 कटोरी पानी डाल दें।

उबाल आने पर चावल डाल कर गैस सिम कर दें और ढक दें।

15 मिनट में जीरा चावल तैयार हो जायेंगे।

घिया के चावल

सामग्री

चावल बासमती	1 कटोरी
घिया	1 छोटी
देसी घी	2 चम्मच
जीरा	½ चम्मच
हल्दी, नमक, गरम मसाला	स्वादानुसार

विधि

चावल धो कर 1 घण्टा पानी में भिगो दें।

घिया को छीलकर कद्दूकस करलें। हलके हाथ से निचोड़ लें।

पतीले में घी डाल कर गरम करें और जीरा डालकर चटकाएँ।

हल्दी, नमक और गरम मसाला डालें। पानी डाल कर उबाल आने दें।

घिया डालें और चलाएँ। फिर चावल डाल दें।

ढक कर गैस सिम कर दें। 15 मिनट में घिया के चावल तैयार होंगे।

यह पौष्टिक होते हैं और हजम करने में आसान होते हैं।

शाही बिरयानी

सामग्री

बासमती चावल	1 कटोरी
देसी घी	3 चम्मच
पनीर	150 ग्राम
काजू टुकड़ा	2 चम्मच
किशमिश	15
बादाम गिरी	15
केसर,जावित्री, तेज पत्ता, दालचीनी	थोड़ी-सी
बड़ी इलाइची, छोटी इलाइची	3-4 दोनों प्रकार की
नमक, गरम मसाला	स्वादानुसार
बिरयानी मसाला	½ चम्मच

विधि

चावल को धो कर 1 घण्टा पानी में भिगो दें। पनीर के छोटे-छोटे टुकड़े काट कर रख लें। किशमिश धो कर पानी में भिगो दें। बादाम भी अलग कटोरी में भिगो दें। केसर को 2 चम्मच पानी में डाल कर उँगली से घिस दें। बादाम छीलकर बारीक और लम्बा काट लें। पतीले में 3-4 गिलास पानी डाल कर उबाल आने पर चावल डाल दें। जब चावल उबल जायें तो पूरी तरह गल जाने से पहले ही छन्नी में छान लें। थोड़ा-सा खड़ा रखें। पतीले में घी डाल कर काजू और पनीर हल्का फ्राई कर लें। सभी मसाले डाल कर भूनें। चावल डाल कर हलके हाथ से चलाएँ। ऊपर से किशमिश, बादाम और केसर डाल दें। हल्का-सा पानी का छींटा मार कर पलटे से इक दो बार चला कर ढक दें। दस मिनट में परोस दें।

आप किस प्रकार का भोजन करते हैं। जब थोड़ी सम्पन्नता आती है तो लोग सोचते हैं कि उन्हें एक ही समय में सब कुछ खा लेना चाहिए। अगर आप किसी सम्पन्न व्यक्ति के भोज में जायें, वह एक तरह का पागलपन हो चुका है। कुछ समय पहले, मैं एक कार्यक्रम में गया था जहाँ कोई बहुत गर्व से घोषणा कर रहा था कि उनके पास 270 तरह के भोजन की व्यवस्था है। लोग सब कुछ थोड़ा-थोड़ा लेकर खाते हैं। इस तरह के भोजन से शरीर चकरा जाता है। एक बार शरीर के भ्रमित हो जाने पर आपको बहुत से रूपों में नुकसान होगा। भारत में, यह समझ हमेशा से थी। परम्परावादी लोग कभी एक बार के भोजन में दो-तीन चीज़ों से अधिक नहीं खाते थे और वे तीन चीज़ें हमेशा एक-दूसरे के अनुकूल होती थीं। पेट की समझ ऐसी होती है कि एक बार में अलग-अलग चीज़ें डालना उसे रास नहीं आता।"

सद्गुरु

शाकाहारी या मांसाहारी

अलग-अलग तरह के कामों के लिए, आपको एक अलग तरह के शरीर की ज़रूरत होगी।

सबसे अच्छा तरीका यह है कि लोग अपने काम के अनुरूप भोजन करें। आजकल ज्यादातर लोग जिस तरह के कार्य करते हैं, उसके अनुसार शरीर के लिए मांसाहारी के मुकाबले शाकाहारी भोजन बेहतर है।

अगर आपको मांसाहारी भोजन करना ही है, तो मछली सबसे बढ़िया है। वह आसानी से पच जाती है और उसमें बहुत अधिक पौष्टिक तत्व होते हैं।

क्या आपको पता है?

मांस प्रोटीन का एक बढ़िया स्रोत है। लेकिन यह जानना महत्वपूर्ण है कि हमारे दैनिक आहार में कुछ ग्राम प्रोटीन की ही आवश्यकता होती है, और प्रोटीन का ज़रूरत से ज्यादा सेवन कैंसर और स्वास्थ्य सम्बन्धी दूसरी समस्याएँ उत्पन्न कर सकता है। अंकुरित दालें, मेवे, फल और सूखे मेवे प्रोटीन के अच्छे स्रोत हैं जो आपके शरीर की सभी ज़रूरतों को पूरा कर सकते हैं। मेवों का सेवन करने से हृदय रोग की सम्भावना भी कम हो जाती है।

अधिक प्रोटीन वाले शाकाहारी खाद्य पदार्थों में अतिरिक्त लाभ होते हैं जो मांस में नहीं मिलते। कुछ शाकाहारी खाद्य पदार्थों में प्रोटेक्टिव फोटोकैमिकल होते हैं, जैसे सोया में आइसोफ्लेवोन होता है। फलियों में प्रोटीन के साथ फाइबर भी होता है, जो हमारी रक्त शर्करा (ब्लड शुगर) को सन्तुलित रखता है।

सब्जियां

पालक के पत्तों की सब्ज़ी

तरीका : 1

सामग्री

पालक के पत्ते	2 गुच्छे
नमक	स्वादानुसार
तेल	3 छोटे चम्मच
मेथी दाना	¼ छोटा चम्मच
राई	½ छोटा चम्मच
धुली उड़द दाल	½ छोटा चम्मच
लाल मिर्च	1
ताज़ा नारियल	2 इंच का टुकड़ा

विधि

पत्तों को छाँट लें। अच्छी तरह धोकर छन्नी में रखें। फिर पतीले में थोड़े से नमक के साथ नरम होने तक पकाएँ।

कड़ाही में तेल गरम करें, मेथी दाना, राई और दाल डालें और जैसे ही रंग बदलने लगे, लाल मिर्च डाल दें।

नारियल को कद्दूकस करें और डालें। इस तड़के को पत्तों में डालकर मिला लें। आँच से हटाएँ और परोसें।

तरीका : 2

•••••••••••••••••••••••••••••••••••

सामग्री

पालक के पत्ते	2 गुच्छे
चावल	1 छोटा चम्मच
लाल मिर्च	1
कालीमिर्च के दाने	4-6
चने की दाल	1 छोटा चम्मच
नमक	स्वादानुसार
गुड़	1 छोटा टुकड़ा

विधि

छोटी कड़ाही को गरम करें और एक-एक कर के चावल, लाल मिर्च, कालीमिर्च और दाल को सेंक लें। ठण्डा करें और मिला लें। मिक्सर के जार में डालें और दरदरा पीस लें। इस दौरान, पालक के पत्तों को छाँट कर धो लें। छन्नी में रखें। फिर पतीले में थोड़े से नमक के साथ नरम होने तक पकाएँ।

गुड़ डालें और फिर पिसे हुए चावल का मसाला छिड़क दें। नमक चख लें। परोसें।

फायदे:पित्त और अल्सर के इलाज के लिए बढ़िया है।

नोट: जिन्हें पालक अक्सर पकाने में कठिनाई हो, वह पालक का पाउडर इस्तेमाल कर सकते हैं या पालक को छाँव में सुखा कर पीस कर रखें। फिर इसे साँभर में रोज़ भी डाल सकते हैं। साँभर का स्वाद और पौष्टिकता बढ़ जायेगी।

केले के फूल और दाल की सब्ज़ी

सामग्री

केले का फूल	1
तुवर दाल	½ कप
चने की दाल	¼ कप
लाल मिर्च	2
नमक	स्वादानुसार
तेल	2 छोटे चम्मच
राई	½ छोटा चम्मच
धुली उड़द दाल	½ छोटा चम्मच
कड़ी पत्ते	7-8
ताज़ा नारियल	3 इंच का टुकड़ा

विधि

दालों को धोकर 2 कप पानी में 1 घण्टे तक भिगो कर रखें। फिर निथार लें और मिक्सर के जार में लाल मिर्च और नमक के साथ डालें और कम से कम पानी के साथ दरदरा पीस लें। केले के फूल को छाँट लें और काटें। फिर पतीले में डालें और नरम होने तक पकाएँ। कड़ाही में तेल गरम करें और राई डालें। जैसे ही फूटने लगे उड़द दाल और कड़ी पत्ते डालें। इसी में पिसी हुई दाल डालें और मध्यम से धीमी आँच पर मिश्रण को पकाएँ जब तक कड़ाही की किनारों को छोड़ने लगे। पका हुआ केले का फूल डालें और 1-2 मिनट तक भूनें। नमक चखकर ही डालें। नारियल को कद्दूकस करें और डालें। सब कुछ अच्छी तरह मिला लें और आँच से हटा दें। परोसें।

ब्रोक्ली की सब्ज़ी

सामग्री

ब्रोक्ली	1 मध्यम आकार का फूल
सूरजमुखी/जैतून का तेल	1 बड़ा चम्मच
मेथी दाना	¼ छोटा चम्मच
जीरा	1 छोटा चम्मच
पिसी हुई लाल मिर्च	1½ छोटे चम्मच
नमक	स्वादानुसार
पिसी हुई कालीमिर्च	¾-1 छोटा चम्मच
नीम्बू का रस	1 बड़ा चम्मच

विधि

ब्रोक्ली के छोटे-छोटे फूल अलग करें और फिर एक समान छोटे टुकड़े काट लें।

कड़ाही में तेल गरम करें। मेथी दाना और जीरा डालें और जैसे ही रंग बदलने लगे, पिसी हुई लाल मिर्च डालें और साथ में डालें ब्रोक्ली। अच्छी तरह भूनें।

थोड़ा-सा पानी छिड़क दें। स्वादानुसार नमक डालकर मिला लें। फिर ढंक कर पकाएँ और थोड़े अन्तराल में चम्मच से चलाते रहें।

ब्रोक्ली पकने पर कालीमिर्च डालें और ½ मिनट के लिए आँच पर रहने दें। फिर आँच से हटा कर नीम्बू का रस डालकर मिला लें।

नोट: इस व्यंजन में कैल्शियम की मात्रा ज़्यादा है इसलिए बच्चों के लिए अच्छी है।

अवियाल [मिली-जुली सब्ज़ियां]

सामग्री

सफेद कद्दू	6 इंच का टुकड़ा
सूरन	100 ग्राम
सहजन फली	1
फ्रेंच बीन्स	10-12
गाजर	2 मध्यम आकार की
नमक	स्वादानुसार
ताज़ा नारियल	½
अदरक	1 इंच का टुकड़ा
जीरा	1 छोटा चम्मच
लाल मिर्च	2
नारियल का तेल	2 बड़े चम्मच
दही	1 कप
राई	½ छोटा चम्मच
कड़ी पत्ते	8-10

विधि

कद्दू और सूरन को छीलकर 2 इंच लम्बे टुकड़ों में काटें।

सहजन फली और फ्रेंच बीन्स की दोनों छोर काट लें और फिर इन्हें भी 2 इंच लम्बे टुकड़ों में काट लें।

गाजर का पतला छिलका निकाल लें और 2 इंच लम्बे टुकड़े काट लें।

फिर कद्दू, सहजन फली, फ्रेंच बीन्स और गाजर को एक थाली में रखें, नमक छिड़कें और इडली स्टीमर में 10 मिनट भाप दें।

सूरन को पतीले में रखें और उसके डूबने जितना ही पानी डालें। नमक छिड़क दें और धीमी आँच पर नरम होने तक पकाएँ।

नारियल को कद्दूकस करें और मिक्सर के जार में डालें। अदरक को छीलें और डालें। फिर डालें जीरा और लाल मिर्च और पानी रहित दरदरा पीस लें।

फिर सूरन और पकी हुई सब्ज़ियों को गहरे कटोरे में रखें और पिसा हुआ नारियल का मसाला, 1½ बड़े चम्मच नारियल का तेल और दही डालकर हल्के हाथ से मिला लें।

बाकी बचा नारियल तेल कड़ाही में गरम करें और राई डालें। जैसे ही फूटने लगे, कड़ी पत्ते डालें और तड़के को सब्जियों पर डालकर मिला लें।

परोसें।

नोट: अवियल पर तड़का लगाना है कि नहीं, आपकी पसन्द के अनुसार करें।

कमल के फूल का कूट

सामग्री

कमल के फूल	2-3
साबुत मूँग	¼ कप
घी	2 छोटे चम्मच
सोंठ	1 छोटा चम्मच
पिसी हुई हल्दी	½ छोटा चम्मच
पिसी हुई काली मिर्च/लाल मिर्च	स्वादानुसार
नमक	स्वादानुसार
इमली का पानी	¼ कप

विधि

कमल के फूल को छाँट कर बारीक काट लें। दो कप नाप लें।

मूँग को 1-2 घण्टों तक भिगो लें और फिर 2 कप ताज़े पानी में नरम होने तक उबालें। छन्नी में रखें।

कड़ाही में घी गरम करें और कमल के फूल के टुकड़े डालकर ½ मिनट तक भूनें।

सोंठ, हल्दी, मिर्च डालकर मिला लें।

फिर डालें मूँग और नमक और मिला लें।

एक-दो मिनट पश्चात् इमली का पानी डालें।

जैसे ही एक उबाल आये, आँच से हटा दें। परोसें।

नोट: आप चाहें तो इसे कूटू या कुझुम्बु के रूप में परोसें। चपाती, इडली या उबले हुए चावल के साथ अच्छी लगती है।

बीन्स दाल फ्राई

सामग्री

फ्रेंच बीन्स	250 ग्राम
चने की दाल	½ कप
तुवर दाल	½ कप
नमक	स्वादानुसार
तेल	4 छोटे चम्मच
राई	1 छोटा चम्मच
कड़ी पत्ते	10-12
लाल मिर्च	6

विधि

बीन्स के दोनों ओर से धागे निकाल लें और फिर धो लें। छोटे टुकड़ों में काट लें। फिर नमक के साथ पकाएँ और थोड़े अन्तराल में पानी छिड़कते रहें।

दोनों दालों को धोकर 2 कप पानी में साथ में भिगो लें। फिर निथार लें और मिक्सर के जार में डालकर नमक डालकर दरदरा पीस लें। ज़रूरत पड़े तो ही थोड़ा-सा पानी डालें।

कड़ाही में तेल गरम करें और राई डालें। जैसे ही फूटने लगे, कड़ी पत्ते, लाल मिर्च और पिसी हुई दाल डाल दें और पकाएँ जब तक मिश्रण कड़ाही के किनारे न छोड़ने लगे।

फिर डालें पकी हुई बीन्स और नमक और अच्छी तरह से भून लें। परोसें।

भरवां भिण्डी

सामग्री

भिण्डी	500 ग्राम
मूँगफली	¼ कप
अदरक	1 इंच का टुकड़ा
बेसन	¼ कप
पिसा हुआ गरम मसाला	1½ छोटे चम्मच
नमक	स्वादानुसार
गुड़	1 बड़ा चम्मच
नीम्बू का रस	2 छोटे चम्मच
तेल	तलने के लिए

विधि

भिण्डी को धोकर पोंछ कर सुखा लें। ऊपर और नीचे की छोर को काट लें। फिर लम्बाई में चीरा लगा लें।

मूँगफली को दरदरा पीस कर कटोरे में रखें।

अदरक को छीलकर बारीक कद्दूकस करें।

मूँगफली में बेसन, गरम मसाला, स्वादानुसार नमक, कुटा हुआ गुड़ और नीम्बू का रस डालकर मिला लें। फिर इस मिश्रण को हर एक भिण्डी में भर दें। कड़ाही में तेल गरम करें और भिण्डी को कड़क होने तक तलें।

घीये की सब्ज़ी

सामग्री

घीया	500 ग्राम
तेल	2 छोटे चम्मच
राई	½ छोटा चम्मच
जीरा	½ छोटा चम्मच
पिसी हुई लाल मिर्च	2 छोटे चम्मच
पिसा हुआ सूखा धनिया	1 छोटा चम्मच
नमक	स्वादानुसार
कड़ी पत्ते	10-12
ताज़ा हरा धनिया	4-5 टहनियाँ

विधि

घीये को छील लें और फिर छोटे टुकड़ों में काट लें।

कड़ाही में तेल गरम करें और राई डालें। जैसे ही फूटने लगे, जीरा डालें। लाल मिर्च, धनिया डालकर ½ कप पानी डालें ताकि मसाला जले नहीं।

फिर नमक और कड़ी पत्ते डालकर मिला लें और 2-3 मिनट तक पकाएँ। घीया डालकर मिला लें।

ढक्कन लगाकर धीमी आँच पर पकाएँ। थोड़े अन्तराल में चम्मच चलाते रहें।

पक जाने पर हरा धनिया काट कर डालें और मिला लें। परोसें।

घीये और दालों का सांभर

सामग्री

घीया	1 छोटा
काबुली चना	2 बड़े चम्मच
वाल का दाना	2 बड़े चम्मच
लोबिया	2 बड़े चम्मच
मूँग	2 बड़े चम्मच
नमक	स्वादानुसार
तेल	2 बड़े चम्मच
दालचीनी	1 इंच का टुकड़ा
सौंफ	1 छोटा चम्मच
सूखा साबुत धनिया	2 बड़े चम्मच
जीरा	1½ छोटे चम्मच
मेथी दाना	½ छोटा चम्मच
कालीमिर्च के दाने	10-12
कड़ी पत्ते	16-18
लाल मिर्च	5
ताज़ा नारियल	½
टमाटर	3 छोटे
राई	1 छोटा चम्मच

विधि

काबुली चना, वाल, लोबिया और मूँग को रात भर भिगोकर रखें।

दूसरी सुबह, निथार कर प्रेशर कुकर में 2 कप ताज़े पानी और थोड़े से नमक के साथ 4 सीटी बजने तक पकाएँ। कुकर को आँच से हटाएँ और ठण्डा होने दें।

कड़ाही में 1 बड़ा चम्मच तेल गरम करें और इसमें डालें दालचीनी, सौंफ, साबुत धनिया, जीरा, मेथी दाना, काली मिर्च, 7-8 कड़ी पत्ते और लाल मिर्च। धीमी आँच पर 1 मिनट तक भूनें।

नारियल को कद्दूकस कर के डालें और धीमी आँच पर 1 मिनट तक भूनें। आँच से हटाएँ, ठण्डा करें और सब कुछ साथ में पीस लें।

घीये को छीलकर बारीक काट लें। टमाटर को बारीक काट लें।

बाकी बचा 1 बड़ा चम्मच तेल इसी कड़ाही में गरम करें। राई डालें और जैसे ही फूटने लगे, बाकी बचे कड़ी पत्ते और टमाटर डाल दें। एक मिनट तक भूनें और घीया डालकर 1 मिनट और भूनें।

फिर डालें पिसा हुआ मसाला और 1-2 मिनट, चम्मच चलाते हुए पकाएँ। दालें डालकर उबाल आने दें।

फिर स्वादानुसार नमक डालें और 2-3 मिनट पकाएँ।

परोसें।

कड़ी पत्ते का सांभर

सामग्री

ताज़ा कड़ी पत्ते	2 कप
मेथी दाना	½ छोटा चम्मच
चने की दाल	2 बड़े चम्मच
धुली उड़द दाल	2 बड़े चम्मच
इमली	1 नीम्बू जितना गोला
तिल का तेल	2 बड़े चम्मच
लाल मिर्च	8
ताज़ा नारियल	½
राई	1 छोटा चम्मच
सेंधा नमक	स्वादानुसार
गुड़	1 बड़ा चम्मच

विधि

कड़ाही गरम करें। इस में एक-एक कर के, मेथी दाना, चने की दाल, उड़द दाल को अच्छी महक आने तक सेंक लें। इमली को थोड़े से पानी में भिगोकर निचोड़ें और रस निकाल लें। इसी कड़ाही में 1 बड़ा चम्मच तेल गरम करें और इसमें डालें लाल मिर्च और कड़ी पत्ते। नारियल कद्दूकस कर के डालें। ठण्डा करें और मेथी दाना और दालों के साथ पीस लें। बाकी बचे तेल को गरम करें और राई डालें। जैसे ही फूटने लगे, इमली का रस और पिसा हुआ मसाला डालें और एक मिनट तक पकाएँ और फिर 2 कप पानी डालें। उबाल आने दें और गाढ़ा होने तक उबालें। जब आधा रह जाये, सेंधा नमक और गुड़ डालकर अच्छी तरह से मिला लें। आधे मिनट तक पकाएँ और फिर आँच से हटा लें। परोसें।

नोट: जिन्हें रक्त में आयरन की कमी हो, कड़ी पत्ते खायें क्योंकि इनमें आयरन की मात्रा काफी है।

झटपट कोफता करी

सामग्री

टमाटर	4 मध्यम आकार के
तेल	1 बड़ा चम्मच + तलने के लिए
पावभाजी मसाला	2 छोटे चम्मच
पिसी हुई लाल मिर्च	2 छोटे चम्मच
चीनी	½ छोटा चम्मच
नमक	स्वादानुसार
आलू	2 मध्यम आकार के
ताज़ा ब्रेड का चूरा	2 बड़े चम्मच
ताज़ा पुदीना	¼ कप
ताज़ा हरा धनिया	2-3 टहनियाँ

विधि

टमाटर को पतीले में रख कर इतना ही पानी डालें जिससे टमाटर ढंक जायें। उबाल लाकर 1-2 मिनट तक पकाएँ। निथार लें और टमाटर को ठण्डा करें। फिर टमाटर को छीलकर काट लें। मिक्सर के जार में डालकर पीस लें। कड़ाही में 1 बड़ा चम्मच तेल गरम करें। पिसे हुए टमाटर डालकर थोड़ा गाढ़ा होने तक भूनें। फिर डालें पावभाजी मसाला, लाल मिर्च, चीनी और नमक। तेल अलग होने तक भूनें। तीन-चौथाई कप पानी डालकर उबाल आने दें। आलू को उबाल कर, ठण्डा करें और छील लें। फिर मसल लें। ब्रेड का चूरा डालें। पुदीने को काटकर डालें। नमक डालें। फिर सब कुछ अच्छी तरह से मिलाकर छोटे छोटे हिस्से कर लें। गोल आकार बना लें। कड़ाही में तेल गरम करें और गोलों को सुनहरा भूरा होने तक तल लें। टमाटर की करी में डालें। हरा धनिया काट कर डालें और परोसें।

आम दही का सांभर

• •

सामग्री

खट्टा दही	1 कप
पके हुए आम	2 मध्यम आकार के
पिसी हुई हल्दी	½ छोटा चम्मच
नारियल का तेल	2 छोटे चम्मच
राई	1 छोटा चम्मच
मेथी दाना	1 छोटा चम्मच
लाल मिर्च	5
ताज़ा नारियल	½
चीनी	1 छोटा चम्मच
नमक	स्वादानुसार
कड़ी पत्ते	10-12

विधि

आम को छीलें, बीज निकालकर छोटे टुकड़ों में काट लें। फिर पतीले में रखें और इतना ही पानी डालें जिससे आम ढंक जायें। हल्दी डालकर नरम होने तक पकाएँ। कड़ाही मे 1 छोटा चम्मच तेल गरम करें। आधा छोटा चम्मच राई डालें। जैसे ही फूटने लगे ½ छोटा चम्मच मेथी दाना और 3 लाल मिर्च डालें। नारियल को कद्दूकस कर के डालें। एक मिनट तक भूनें और आम डालकर मिला लें। आँच से हटा ले। कढ़छी से हल्का-सा मसल लें। पतीले में डालकर दही और चीनी मिला लें। फिर मध्यम आँच पर रख कर उबाल आने दें। नमक डालकर मिला लें और फिर आँच से हटा लें। बाकी बचा तेल छोटी कड़ाही में गरम करें और बाकी बची राई डाल दें। जैसे ही फूटने लगे, कड़ी पत्ते, बाकी बचा मेथी दाना और लाल मिर्च डालें। तड़के को कुझुम्बु के ऊपर डालें और मिला लें। परोसें।

राजमा की सब्ज़ी

सामग्री

राजमा	2 कप
तेज पत्ता	1
टमाटर	3 मध्यम आकार के
काजू	½ कप
मक्खन	2 बड़े चम्मच
पिसा हुआ गरम मसाला	½ बड़ा चम्मच
पिसा हुआ जीरा	2 छोटे चम्मच
पिसा हुआ धनिया	2 छोटे चम्मच
पिसी हुई लाल मिर्च	1 बड़ा चम्मच
नमक	स्वादानुसार
ताज़ा हरा धनिया	2-3 टहनियाँ

विधि

राजमा को धोकर 5 कप पानी में रात भर भिगो दें।

दूसरी सुबह निथार कर प्रेशर कुकर में 4 कप पानी और तेज पत्ते के साथ डालकर तेज़ आँच पर 1 सीटी लें। फिर आँच कम करें और 4-5 सीटी बजने तक पकाएँ।

कुकर को आँच से हटा लें और ठण्डा होने पर ढक्कन खोलें।

टमाटर को पतीले में रख कर इतना ही पानी डालें जिस से टमाटर ढंक जायें।

उबाल आने दें और 2-3 मिनट तक पकाएँ।

निथार लें और टमाटर को ठण्डा करें। मिक्सर के जार में डालकर बारीक पीस लें।

काजू को ½ कप पानी में ½ घण्टे तक भिगोकर पीस लें।

कड़ाही में मक्खन गरम करें।

गरम मसाला, जीरा, धनिया और लाल मिर्च डालें, पिसे हुए टमाटर डालें और तेल अलग होने तक भूनें।

फिर डालें राजमा, पिसे हुए काजू और स्वादानार नमक। मिला कर 3-4 मिनट तक भूनें।

हरे धनिये से सजाकर परोसें।

नोट: यह सब्ज़ी चपाती, रोटी और नान से साथ अच्छी लगती है। तला हुआ पनीर या उबले हुए आलू डालकर इस सब्ज़ी को और भी स्वादिष्ट बना सकते हैं।

पनीर कोफ्ता करी

सामग्री

पनीर	200 ग्राम
टमाटर	8 मध्यम आकार के
आलू	2 मध्यम आकार के
काजू	1 कप
पिसी हुई अदरक	1 बड़ा चम्मच
पिसा हुआ गरम मसाला	1 बड़ा चम्मच
नमक	स्वादानुसार
तेल	3 बड़े चम्मच + तलने के लिए
जीरा	1 छोटा चम्मच
तेज पत्ता	1
पिसी हुई लाल मिर्च	1 बड़ा चम्मच
पिसा हुआ धनिया	2 छोटे चम्मच
ताज़ा हरा धनिया	4-5 टहनियाँ
ताज़ी क्रीम	2 बड़े चम्मच

विधि

टमाटर को पतीले में रख कर इतना ही पानी डालें जिस से टमाटर ढंक जायें। इसे उबालें और 2-3 मिनट तक पकाएँ।

निथार लें और टमाटर को ठण्डा करें, छीलकर काटें और मिक्सर में डालकर बारीक पीस लें।

आलू को उबाल कर ठण्डा करें और छील लें।

काजू को 1 कप पानी में ½ घण्टे तक भिगोकर बारीक पीस लें।

पनीर के छोटे टुकड़े कर लें। आलू डालकर दोनों को साथ में मसल लें।

फिर डालें अदरक, ½ बड़ा चम्मच गरम मसाला, स्वादानुसार नमक और मिला कर गूँथ लें। छोटे हिस्से करें और गोले बना लें।

कड़ाही में तेल गरम करें और गोलों को सुनहरा भूरा होने तक तल लें।

दूसरी कड़ाही में 3 बड़े चम्मच तेल गरम करें, जीरा और तेज पत्ता डालें।

जैसे ही रंग बदलने लगे, टमाटर डालकर 2-3 मिनट तक भूनें।

फिर डालें लाल मिर्च, बाकी बचा गरम मसाला, धनिया और स्वादानुसार नमक। अच्छी तरह मिला लें।

फिर डालें पिसे हुए काजू और 3-4 मिनट भूनें।

कोफ़्तों को करी में डालकर उबालें। पाँच मिनट तक पकाएँ। फिर आँच से हटा लें।

हरा धनिया काटकर डालें।

कोफ़्तों को क्रीम से सजाकर परोसें।

वथल सांभर

सामग्री

वथल	1 कप
तिल का तेल	3 बड़े चम्मच
सूखा साबुत धनिया	4 छोटे चम्मच
मेथी दाना	1 छोटा चम्मच
लाल मिर्च	4
इमली	1 नीम्बू जितना गोला
कड़ी पत्ते	15-18
नमक	स्वादानुसार
ताज़ा नारियल	½

विधि

किसी भी प्रकार के वथल का प्रयोग करें (सुसुम्बर, मकोए, भें), मिट्टी और रेत को अच्छी तरह साफ करें। कड़ाही में 1 बड़ा चम्मच तेल गरम करें और धनिया, ½ छोटा चम्मच मेथी दाना और लाल मिर्च को हल्का-सा सेंक लें। ठण्डा करें और बारीक पीस लें।

इमली को थोड़े से पानी में भिगोकर निचोड़कर रस निकाल लें। बाकी बचा तेल एक चौड़े मुख के पतीले में गरम करें। बाकी बचा मेथी दाना, लाल मिर्च और वथल और कड़ी पत्ते डालकर मिला लें। फिर इमली का रस डालें। स्वादानुसार नमक डालकर उबाल आने दें। उबाल आने पर तैयार मसाला डाल दें। नारियल को कद्दूकस कर के डालें। आधा कप पानी डालकर मिला लें और उबाल आने दें और आधी मात्रा होने तक गाढ़ा करें। आँच से हटा लें।

पापड़ और चावल के साथ परोसें ।

केले के तने का सांभर

सामग्री

केले की तना	6 इंच का टुकड़ा
तुवर दाल	1 कप
तेल	2 छोटे चम्मच
सूखा साबुत धनिया	1½ छोटे चम्मच
धुली उड़द दाल	¾ छोटा चम्मच
चने की दाल	1 छोटा चम्मच
मेथी दाना	½ छोटा चम्मच
लाल मिर्च	5
ताज़ा नारियल	2 इंच का टुकड़ा
इमली	1 नीम्बू जितना गोला
गुड़	1 बड़ा चम्मच
नमक	स्वादानुसार
पिसी हुई हल्दी	½ छोटा चम्मच
राई	½ छोटा चम्मच
कड़ी पत्ते	7-8
ताज़ा हरा धनिया	4-5 टहनियाँ

विधि

कड़ाही में 1 छोटा चम्मच तेल गरम करें और धनिया, उड़द दाल, चने की दाल, मेथी दाना और लाल मिर्च को हल्का-सा सेंक लें।

नारियल को कद्दूकस करें और डालें।

नारियल का रंग बदलने तक भूनें और फिर आँच से हटा लें। ठण्डा करें और पीस लें।

केले के तने से रेशे निकाल लें।

फिर इसके गोलाई में टुकड़े कर लें।

इमली को थोड़े पानी में भिगोकर निचोड़ें और रस निक लें।

इसे फिर केले के तने में डालें और साथ में डालें गुड़ और थोड़ा-सा नमक।

आँच पर रखें और नरम हो जाने तक उबालें।

तुवर की दाल को धोकर भिगो दें।

फिर पतीले में हल्दी और 2 कप पानी के साथ रख कर पकाएँ।

इस दौरान, पिसा हुआ नारियल केले के तने में डालें। फिर इसे डालें दाल में और उबालें।

कड़ाही में बाकी बचा ½ छोटा चम्मच तेल डालकर राई डालें।

जैसे ही फूटने लगे कड़ी पत्ते डाल दें।

इस तड़के को केले के तने पर डालकर अच्छी तरह से मिला लें। आँच से हटा लें। हरे धनिये को काटकर डालें।

मिला लें और परोसें।

मेथी सांभर

सामग्री

मेथी दाना	1 छोटा चम्मच
इमली	1 नीम्बू जितना गोला
तिल का तेल	2 बड़े चम्मच
राई	½ छोटा चम्मच
धुली उड़द दाल	½ छोटा चम्मच
चने की दाल	½ छोटा चम्मच
लाल मिर्च	2
जीरा	½ छोटा चम्मच
कड़ी पत्ते	8-10
सांभर पाउडर	2 छोटे चम्मच
नमक	स्वादानुसार
पिसी हुई हल्दी	½ छोटा चम्मच

विधि

इमली को थोड़े पानी में भिगोकर निचोड़ें और गाढ़ा रस निकाल लें।

कड़ाही में 1 बड़ा चम्मच तेल गरम करें। राई डालें।

जैसे ही फूटने लगे, मेथी दाना, उड़द दाल, चने की दाल, लाल मिर्च, जीरा और कड़ी पत्ते डालें। फिर डालें इमली का रस।

फिर डालें सांभर पाउडर, नमक, हल्दी और अच्छी तरह मिलाकर उबालें जब तक गाढ़ा हो कर आधा न हो जाये।

आँच से हटा कर बाकी बचा तेल डालकर मिला लें ओर परोसें।

अदरक और नारियल की कढ़ी

सामग्री

दही	1 कप
अदरक	50 ग्राम
ताज़ा नारियल	½
नारियल का तेल	2 छोटे चम्मच
मेथी दाना	½ छोटा चम्मच
कड़ी पत्ते	10-12
पिसी हुई लाल मिर्च	½ छोटा चम्मच
राई	½ छोटा चम्मच
धुली उड़द दाल	½ छोटा चम्मच
लाल मिर्च	1
नमक	स्वादानुसार

विधि

अदरक को धोकर, छीलें और बारीक काट लें। नारियल को कद्दूकस कर लें। छोटी कड़ाही में 1 छोटा चम्मच तेल गरम करें और मेथी दाना और कड़ी पत्ते डालकर भूनें। अदरक और नारियल को मिक्सर के जार में डालें और साथ में डालें मेथी दाना, कड़ी पत्ते और लाल मिर्च। बारीक पीस लें। बाकी बचा तेल गरम करें। राई डालें और जैसे ही फूटने लगें, दाल और लाल मिर्च डालें। फिर डालें पिसा हुआ अदरक-नारियल का मिश्रण। फिर ¼ कप पानी डालकर मिला लें और कुछ मिनट धीमी आँच पर पकाएँ।

आँच से हटा लें।

दही और स्वादानुसार नमक डालकर मिला लें। परोसें।

मूँगफली

मूँगफली एक सम्पूर्ण आहार है। भारत में बहुत से योगी कुछ समय के लिए 100 फीसदी मूँगफली के आहार पर चले जाते हैं क्योंकि वह अपने आप में एक सम्पूर्ण भोजन है। मूँगफली को पानी में कम से कम छह घण्टे भिगोना चाहिए, जिससे उसके कुछ तत्व निकल जाते हैं, जिन्हें आयुर्वेद में पित्त कहा जाता है। अगर उसे बिना भिगोए खाया जाए तो उससे ददोड़े और मितली हो सकती है।

मूँगफली असल में एक मेवा नहीं है। वह एक फली है। हाल के समय में मूँगफली ने बहुत लम्बा सफर तय किया है। अपोलो 14 के कमाण्डर एलन शेफर्ड चाँद पर अपने साथ एक मूँगफली लेकर गये। एस्ट्रो-नट!

-सद्‌गुरु

मूँगफली और शिमला मिर्च की सब्ज़ी

सामग्री

मूँगफली	½ कप
शिमला मिर्च	3 मध्यम आकार की
तेल	3 छोटे चम्मच
जीरा	½ छोटा चम्मच
तिल	1 छोटा चम्मच
नमक	स्वादानुसार
बेसन	½ कप
चीनी	1½ छोटे चम्मच

विधि

मूँगफली को कड़ाही में डालकर हल्का सेंक लें। फिर ठण्डा करें और छिलका निकालें। मिक्सर के जार में डालें और दरदरा पीस लें। शिमला मिर्च को आधा करें और बीज निकालें। फिर छोटे-छोटे टुकड़े करें। कड़ाही में 2 छोटे चम्मच तेल गरम करें और जीरा डालें। जैसे ही रंग बदलने लगे तो तिल और पिसी हुई मूँगफली डालकर मिला लें। फिर डालें कटी हुई शिमला मिर्च और स्वादानुसार नमक। धीमी आँच पर पकाएँ। इस दौरान, बाकी बचा तेल दूसरी कड़ाही में गरम करें। बेसन डालें और धीमी आँच पर सुनहरा होने तक भूनें। चीनी डालकर मिला लें। धीमी आँच पर 5-7 मिनट तक भूनें। फिर डालें पकी हुई शिमला मिर्च और मूँगफली और अच्छी तरह मिला लें। नमक चख कर डालें और एक मिनट तक भूनें। आँच से हटा दें और परोसें।

नोट: यह एक स्वादिष्ट गुजराती व्यंजन है।

"भारत और खास कर दक्षिण भारत में, गरमियों के समय खाना एक तरीके से, बरसात में दूसरे तरीके से और सर्दियों में अलग तरीके से बनाया जाता है जो इस पर निर्भर होता है कि उस समय कौन-सी सब्ज़ियाँ उपलब्ध हैं और शरीर के लिए क्या उपयुक्त है। इस समझ को अपनाना और शरीर की ज़रूरत तथा मौसम और जलवायु के अनुसार खाना अच्छा होता है।" उदाहरण के लिए, सर्दियों में आम तौर पर जलवायु के ठण्डा होने पर त्वचा ख़राब हो जाती है और परम्परागत रूप से लोग क्रीम या लोशन का इस्तेमाल नहीं करते। उस समय तिल और गेहूँ जेसे कुछ खाद्य पदार्थ होते हैं जो शरीर में गरमी लाते हैं। इसलिए दिसम्बर आते ही, हर कोई रोजाना तिल खाता है। यह शरीर को गरम और त्वचा को साफ़ रखता है। अगर शरीर में काफ़ी गरमी होगी, तो आपकी त्वचा ख़राब नहीं होगी। गरमियों में, शरीर गरम हो जाता है, इसलिए ठण्डक पहुँचाने वाले खाद्य पदार्थ खाये जाते थे। जैसे, तमिलनाडु में, कम्बु (बाजरा) खाया जाता है। ये चीज़ें तय होती थीं ताकि शरीर उस मौसम के अनुसार खुद को ढाल सके।

- सद्‌गुरु

कर्नाटक दाल सब्ज़ी

सामग्री

फूलगोभी	400 ग्राम
टमाटर	3 मध्यम आकार के
तेल	4 छोटे चम्मच
राई	½ छोटा चम्मच
हरे मटर	150 ग्राम
नमक	स्वादानुसार
बारीक पीसें :	
चने की दाल	2 बड़े चम्मच
धुली उड़द दाल	2 बड़े चम्मच
सूखा साबुत धनिया	½ बड़ा चम्मच
जीरा	1 छोटा चम्मच
लाल मिर्च	3
दालचीनी	1 इंच का टुकड़ा
लौंग	3
छोटी इलाइची	3

विधि

सबसे पहले चने की दाल, उड़द दाल, धनिया, जीरा, लाल मिर्च, दालचीनी, लौंग और इलाइची को सुनहरा भूरा होने तक सेंक लें। ठण्डा करें और बारीक पीस लें।

फूलगोभी को गरम पानी में 10 मिनट तक भिगो दें। निथार लें और छोटे टुकड़ों में काट लें।

टमाटर के छोटे टुकड़े करें।

कड़ाही में तेल गरम करें और राई डालें।

जैसे ही फूटने लगे फूलगोभी, टमाटर, मटर और नमक डालकर 2-3 मिनट तक भूनें।

फिर डालें ¼ कप पानी, मिला कर ढक्कन लगाकर पकाएँ। थोड़े अन्तराल में चम्मच से चलाते रहें।

फूलगोभी के पक जाने पर, तैयार मसाला डालकर मिला लें।

धीमी आँच पर 1-2 मिनट तक पकाएँ।

अच्छी तरह मिला लें और परोसें।

पालक टमाटर की सब्ज़ी

सामग्री

ताज़ा पालक	3 गुच्छे
टमाटर	4 मध्यम आकार के
काजू	¼ कप
मक्खन	2 बड़े चम्मच
पिसा हुआ गरम मसाला	1½ छोटे चम्मच
पिसा हुआ जीरा	1½ छोटे चम्मच
पिसा हुआ धनिया	1 बड़ा चम्मच
पिसी हुई लाल मिर्च	1½ छोटे चम्मच
नमक	स्वादानुसार

विधि

पालक को छाँट कर साफ करें। फिर पत्तों को अच्छी तरह धोकर पानी निथार लें। काटकर कड़ाही में डालें और ढंक दें। धीमी आँच पर नरम होने तक पकाएँ। ठण्डा करें और बारीक पीस लें। टमाटर को पतीले में रख कर इतना ही पानी डालें जिससे टमाटर ढंक जायें। इसे उबाल लें और 2-3 मिनट तक पकाएँ। निथार लें और टमाटर को ठण्डा करें, छीलकर काटें और मिक्सर के जार में डालकर बारीक पीस लें। काजू को ¼ कप पानी में ½ घण्टे तक भिगोकर बारीक पीस लें। कड़ाही में मक्खन गरम करें, गरम मसाला, जीरा, धनिया और लाल मिर्च डाल कर मिला लें। फिर डालें टमाटर और तेल अलग होने तक पकाएँ। फिर डालें पालक, काजू, स्वादानुसार नमक और 2-3 मिनट तक भूनें। परोसें।

नोट: यह सब्ज़ी चपाती, रोटी और नान के साथ अच्छी लगती है।

तला हुआ पनीर या उबले हुए आलू डालने से स्वाद बढ़ता है।

कढ़ी

सामग्री

बेसन	½ कप
दही	2 कप
घी	2 छोटे चम्मच
मेथी दाना	½ छोटा चम्मच
दालचीनी	1 इंच का टुकड़ा
लौंग	3
लाल मिर्च	3
कड़ी पत्ते	10-12
पिसी हुई हल्दी	¼ छोटा चम्मच
नमक	स्वादानुसार
पिसा हुआ गरम मसाला	½ छोटा चम्मच

विधि

बेसन और दही को गहरे पतीले में डालकर अच्छी तरह से फ़ेंट लें।

पाँच कप पानी डाल लें।

कड़ाही में घी गरम करें और मेथी दाना, दालचीनी, लौंग, लाल मिर्च, कड़ी पत्ते, हल्दी डालकर ½ मिनट तक भूनें।

फिर डालें बेसन-दही का मिश्रण, मिलाकर उबाल आने दें।

उबाल आने पर, नमक और गरम मसाला डालें और 5 मिनट पश्चात् आँच से हटा लें।

परोसें।

नोट : इसमें अगर बेसन की पकोड़ी पानी में भिगो कर डाल देंगे तो कड़ी पकोड़ी कहलाएगी। कुछ लोग बेसन की बूँदी भी पानी में भिगो कर डाल देते हैं।

पकोड़ा सांभर

सामग्री

चने की दाल	1 कप
अदरक	1½ इंच का टुकड़ा
गाजर	1 छोटी
ताज़ा हरा धनिया	7-8 टहनियाँ
लाल मिर्च	3
सौंफ	1 छोटा चम्मच
नमक	स्वादानुसार
घी	1 बड़ा चम्मच
कड़ी पत्ते	7-8
तेल	3 बड़े चम्मच + तलने के लिए
टमाटर	4 मध्यम आकार के
दालचीनी	1 इंच का टुकड़ा
तेज पत्ता	1
लौंग	3-4
नारियल का दूध	2 कप
पिसा हुआ धनिया	2 छोटे चम्मच
पिसी हुई हल्दी	½ छोटा चम्मच
पिसी हुइ लाल मिर्च	1 बड़ा चम्मच
पिसे हुए काजू	3 बड़े चम्मच

विधि

चने की दाल को 3 कप पानी में 2 घण्टों तक भिगोकर छन्नी में निकालें।

अदरक को छीलकर काट लें।

गाजर को पतला छीलकर कद्दूकस करें।

हरे धनिये को बारीक काट लें।

चने की दाल को मिक्सर के जार में अदरक, लाल मिर्च और सौंफ के साथ रख कर दरदरा पीस लें।

स्वादानुसार नमक, गाजर, पिघला हुआ घी, हरे धनिये की आधी मात्रा और कड़ी पत्ते डालकर मिला लें। फिर छोटे-छोटे हिस्से करें और गोले बना लें। कड़ाही में तेल गरम करें और पकोड़ों को सुनहरा भूरा होने तक तलें और अलग रखें।

टमाटर को पतीले में रख कर इतना ही पानी डालें जिस से टमाटर ढंक जायें। उबाल आने दें और 2-3 मिनट तक पकाएँ। निथार लें और टमाटर को ठण्डा करें, छीलकर काटें और मिक्सर के जार में डालकर बारीक पीस लें।

कड़ाही में 3 बड़े चम्मच तेल गरम करें, दालचीनी, तेज पत्ता और लौंग डालकर ½ मिनट तक भूनें। फिर डालें टमाटर, धनिया, हल्दी और कच्ची महक निकल जाने तक भूनें।

फिर डालें नारियल का दूध और धीमी आँच पर 10 मिनट तक पकाएँ। ध्यान रहे कि उबाल न आये।

फिर डालें पिसे हुए काजू, अच्छी तरह मिला कर 5 मिनट तक पकाएँ। स्वादानुसार नमक डालकर मिला लें। फिर डालें पकोड़े और 3 मिनट तक पकाएँ। आँच से हटा लें।

बाकी बचा हरा धनिया छिड़क कर परोसें।

नोट: चपाती और चावल के साथ यह व्यंजन अच्छा लगता है।

सोधी [स्टू]

सामग्री

ताज़ा नारियल	1
सहजन की फली	1
आलू	1 मध्यम आकार का
टमाटर	2 मध्यम आकार के
पिसी हुई अदरक	2 छोटे चम्मच
पिसा हुआ धनिया	1 छोटा चम्मच
पिसी हुई लाल मिर्च	1 छोटा चम्मच
नमक	स्वादानुसार
तेल	2 छोटे चम्मच
राई	½ छोटा चम्मच
ताज़ा हरा धनिया	4-5 टहनियाँ

विधि

नारियल को कद्दूकस करें और मिक्सर के जार में डालें

फिर डालें 2 कप पानी और बारीक पीस लें। मोटे कपड़े से छान कर गाढ़ा दूध निचोड़ कर निकाल लें।

फिर नारियल का बचा हुआ गूदा फिर से मिक्सर के जार में डालकर 2 कप पानी के साथ पीस लें। कपड़े से छान कर नारियल का पतला दूध निकाल लें।

सहजन की फली की दोनों छोर को छाँट लें फिर उँगली जितने लम्बे टुकड़े कर लें। आलू को छीलकर, छोटे टुकड़ों में काट लें। टमाटर को भी काट लें।

नारियल के पतले दूध को पतीले में डालें।

इसमें डालें सहजन की फली, आलू, टमाटर, पिसी हुई अदरक, धनिया और लाल मिर्च।

धीमी आँच पर पकाएँ। फिर आँच से हटा दें।

इसमें डालें गाढ़ा नारियल का दूध और स्वादानुसार नमक। अच्छी तरह मिला लें।

कड़ाही में तेल गरम करें और राई डालें। जैसे ही फूटने लगे, कड़ी पत्ते डालें।

तड़के को सोधी के ऊपर डालें। हरा धनिया काट कर डालें और मिलाएँ। परोसें।

नोट: सेवई और अप्पम के साथ सोधी स्वादिष्ट है।

भिण्डी मसाला

सामग्री

कोमल भिण्डी	500 ग्राम
काजू	10
ताज़ा नारियल	¼
टमाटर	4 मध्यम आकार के
तेल	तलने के लिए
मक्खन	3 बड़े चम्मच
पिसा हुआ जीरा	2 छोटे चम्मच
पिसी हुई हल्दी	1 छोटा चम्मच
पिसी हुई लाल मिर्च	1 छोटा चम्मच
पिसी हुई अदरक	1 बड़ा चम्मच
नमक	स्वादानुसार

विधि

भिण्डी को धो व पोंछ कर सुखा लें। ऊपर और नीचे की छोर को काट लें। काजू को 1 कप पानी में ½ घण्टे तक भिगोकर बारीक पीस लें। नारियल को कद्दूकस करें। एक-चौथाई कप पानी के साथ बारीक पीस लें। टमाटर को पतीले में रख कर इतना ही पानी डालें जिस से टमाटर ढंक जायें। उबाल लाकर, 1-2 मिनट तक पकाएँ। निथार लें और टमाटर को ठण्डा करें। फिर टमाटर को छीलकर काट लें। मिक्सर के जार में डालकर पीस लें। कड़ाही में तेल गरम करें और भिण्डी को कुरकुरी होने तक तल लें। मक्खन को धीमी आँच पर गरम करें। टमाटर डालकर 1 मिनट तक भूनें। काजू डालकर 2 मिनट तक भूनें। फिर डालें जीरा, हल्दी, लाल मिर्च और अदरक। एक मिनट तक भूनें। पिसा हुआ नारियल डालें और मक्खन अलग होने तक तलें। फिर डालें तली हुई भिण्डी और नमक। अच्छी तरह मिला कर आँच से हटा लें। परोसें।

खीरे की सब्ज़ी

सामग्री

खीरे	3 मध्यम आकार के
घी	1 छोटा चम्मच
राई	½ छोटा चम्मच
कड़ी पत्ते	7-8
पिसी हुई सफेद मिर्च	½ छोटा चम्मच
नमक	स्वादानुसार
ताज़ा हरा धनिया	4-5 टहनियाँ

विधि

खीरों के बड़े टुकड़े करें।

कड़ाही में घी गरम करें।

राई डालें और जैसे ही फूटने लगे कड़ी पत्ता और खीरे डाल दें।

एक मिनट तक भूनें और पूरा पकने से पहले ही आँच से हटा लें।

मिर्च और नमक छिड़क दें।

हरा धनिया काट कर डालें।

फिर सब कुछ मिला कर परोसें।

अरीसरी

सामग्री

सूरन	400 ग्राम
कच्चे केले	2
पिसी हुई हल्दी	½ छोटा चम्मच
नमक	स्वादानुसार
नारियल का तेल	2 छोटे चम्मच
लाल मिर्च	3
कालीमिर्च के दाने	10-12
धुली उड़द दाल	1 छोटा चम्मच
ताज़ा नारियल	1
ताज़ा हरा धनिया	4-5 टहनियाँ
कड़ी पत्ते	7-8

विधि

सूरन और केलों को छीलकर बारीक काट लें। अलग अलग रखें। पतीले में 1½ कप पानी, नमक और हल्दी डालें। आँच पर रखें और सूरन डालकर थोड़ी देर पकाएँ। आधा पकने पर केले डाल दें। नारियल तेल का एक छोटा चम्मच गरम करें और इसमें डालें लाल मिर्च, कालीमिर्च और दाल। दाल का रंग बदलने पर कद्दूकस किये नारियल की आधी मात्रा डालकर मिला दें। आँच से हटाएँ, ठण्डा करें और बारीक पीस लें। फिर इसे सूरन और केलों में डाल दें। इस दौरान, बाकी बचा नारियल तेल गरम करें और इसमें डालें बाकी बचा नारियल। सुनहरा भूरा होने तक भूनें। इसे फिर सूरन-केलों में डालकर मिलाएँ। चार से पांच मिनट पश्चात्, हरे धनिये को काट कर डालें। कड़ी पत्ते डालकर मिलाएँ और फिर परोसें।

टिण्डोरा की सब्ज़ी

सामग्री

टिण्डोरा	250 ग्राम
टमाटर	2 मध्यम आकार के
तिल का तेल	1 बड़ा चम्मच
राई	1 छोटा चम्मच
कड़ी पत्ते	10-12
पिसी हुई हल्दी	½ छोटा चम्मच
सांभर पाउडर	1 बड़ा चम्मच
नमक	स्वादानुसार
ताज़ा नारियल	¼

विधि

टिण्डोरा को धोकर पोंछ लें। लम्बाई में 4 टुकड़े करें या गोलाई में टुकड़े करें।

टमाटर को बारीक काट लें।

कड़ाही में तेल गरम करें और राई डालें।

जैसे ही फूटने लगे, कड़ी पत्ते, टमाटर और टिण्डोरा डाल दें।

सब कुछ साथ में 3-4 मिनट तक भूनें।

फिर डालें हल्दी और सांभर पाउडर। स्वादानुसार नमक डालें।

अच्छी तरह मिला कर मध्यम से धीमी आँच पर पकाएँ।

पक जाने पर, नारियल को कद्दूकस करें और डालकर मिला लें।

नोट: यह व्यंजन चावल और चपाती के साथ बहुत अच्छा लगता है।

शिमला मिर्च और बेसन की सब्जी

सामग्री

शिमला मिर्च	1 बड़ी
बेसन	2 चम्मच
खाने का तेल	2 चम्मच

जीरा/नमक/अमचूर पाउडर/धनिया पाउडर स्वादानुसार

विधि

शिमला मिर्च को छोटे-छोटे टुकड़ों में काट लें। पैन में एक चम्मच तेल डाल कर गरम कर लें। बेसन डाल कर भूने। जब खुशबू आने लगे तो अलग निकाल कर रख लें।

एक चम्मच तेल गरम करें और जीरा डाल कर चटकाएँ। उसमें कटी हुई शिमला मिर्च डाल दें। थोड़ा-सा नमक डाल कर चलाएँ। जब मिर्च थोड़ी गलने लगे तो बेसन डाल दें। मिक्स कर के फिर अमचूर पाउडर और धनिया पाउडर थोड़ा-थोड़ा-सा स्वादानुसार डाल दें। अच्छे से मिक्स कर के गैस बन्द कर दें। यदि और खटास की आवश्कता लगे तो थोड़ा-सा नीम्बू निचोड़ लें।

टमाटर हमस

सामग्री

सफेद या काबुली चने	एक कप
टमाटर	4 मध्यम आकार के
ताजा नीम्बू का रस	दो चम्मच
सफेद तिल	आधा कप
वेजिटेबल ऑइल	आधा कप
जैतून का तेल	3 चम्मच
जीरा पाउडर	आधा चम्मच
धनिया/तुलसी	आठ पत्ते
नमक	स्वादानुसार

विधि

तिल का पेस्ट यानी ताहिनी बनाने के लिए एक कड़ाही में तिल को हल्का गुलाबी भून लें। उसे भूनने के बाद तुरन्त गर्म कड़ाही से निकाल लें, ताकि यह गहरा भूरा न हो पाए। थोड़ा ठण्डा होने पर आधे कप तेल के साथ बारीक पीस लें। सफेद चने को अच्छी तरह से धोकर उसे कम से कम चार घण्टों के लिए पानी में भिगों दें। फिर इन्हें दो कप पानी के साथ कुकर में गलने के लिए रख दें। चने को निकाल कर इसे मिक्सर में हलका दरदरा पीस लें। पीसते समय अगर ज़रूरी हो तो उसमें कुछ चम्मच पानी डाल लें। अब इसमें अन्दाज से नमक, ताहिनी, नीम्बू का रस, जीरा पाउडर व जैतून का तेल डालकर इसे दोबारा नरम होने तक पीसें। अब हर टमाटर को बीच से दो टुकड़ों में काट लें और टमाटर के दोनों हिस्सों के सिरों से पतली स्लाइस काट कर अलग कर लें, जिससे टमाटर को रखने में आसानी हो, वे लुढक़े नहीं। अब टमाटरों का गूदा व बीज निकल कर उन्हें कटोनीनुमा खाली कर दें। अब टमाटरों के खाली हिस्से में चने का मिश्रण भर दें। एक प्लेट में सजाकर हर टमाटर को एक धनिया या तुलसी के पत्ते से सजायें और परोसें।

शाही पनीर

सामग्री

ताजा पनीर	250 ग्राम
टमाटर लाल	250 ग्राम
काजू का पेस्ट	10- 12 काजू का
खसखस पेस्ट	1 चम्मच खसखस का
चीनी	1 बड़ा चम्मच
दूध की क्रीम	2-3 चम्मच
टमाटर सॉस	2 चम्मच
नमक, गरम मसाला	स्वादानुसार
हरा धनिया पत्ती	3-4 टहनी
देसी घी	2-3 चम्मच

विधि

पनीर को टुकड़ों में काट कर रख लें। टमाटर को प्रेशर कुकर में थोड़े से पानी में डाल कर एक सीटी लगाइए। प्रेशर कुकर ठण्डा होने पर ढक्कन खोलें और टमाटर निकाल लें। ठण्डे होने पर मिक्सर में डाल कर चलाएँ और फिर सूप छन्नी में डाल कर अच्छे से मसल कर उसका पेस्ट किसी बर्तन में निकाल लें। पैन में घी डाल कर गरम करें। इसमें खसखस का पेस्ट डाल कर भूने। 2 मिनट बाद टमाटर का पेस्ट डाल दें। जब तक रस थोड़ा गाढ़ा न हो जाये धीमी आग पर पकाएँ। अब इसमें टमाटर सॉस और चीनी डाल दें। जब चीनी मिक्स हो जाये तो काजू पेस्ट, नमक, गरम मसाला डाल कर 2 मिनट पकाएँ। फिर पनीर के टुकड़े डाल दें और चला दें। जब टमाटर की ग्रेवी पनीर पर लिपटने लगे तो दूध की क्रीम डाल कर 1-2 मिनट चला कर गैस बन्द कर दें। हरा धनिया की पत्ती पानी में धो कर ऊपर से डाल दें। ढक कर रख दें।

कढ़ाही पनीर

• •

सामग्री

पनीर	250 ग्राम
शिमला मिर्च	1
प्याज	2
अदरक	20 ग्राम
टमाटर प्यूरी	3 चम्मच
हरी मिर्च	2
बेबी कोर्न	3
देसी घी	2 चम्मच
नमक, गरम मसाला, लाल मिर्च	स्वादानुसार
हल्दी, साबुत धनिया, देगीमिर्च	स्वादानुसार

विधि

अदरक हल्का छीलकर लच्छे की तरह काट लें। प्याज को छीलकर 4 टुकड़ों में काटकर उसके एक-एक परत अलग कर लें। शिमला मिर्च के पतले लम्बे टुकड़े काट लें। बेबी कॉर्न के 4-5 टुकड़े कर लें। पनीर के लम्बे पतले टुकड़े काट लें। पैन में घी डाल कर प्याज को सोता कर लें। प्याज गलानी नहीं है सिर्फ़ हल्का-सा भूनना है जिससे वह नरम हो जाये। अब उसमे टमाटर प्यूरी डाल दें। 2 मिनट चलायें फिर सारे मसाले डाल दें। खूब भून लें। थोड़ी गाढ़ा हो जाने पर शिमला मिर्च और बेबी कॉर्न डाल दें। 3 -4 मिनट हल्की गैस पर चलायें। फिर पनीर के टुकड़े डाल दें। 2-3 मिनट चलाने के बाद गैस बन्द कर दें। ऊपर से हरा धनिया की पत्ती धोकर डाल दें और अदरक के लच्छे से सजा दें। ढक कर छोड़ दें। ध्यान रखें की इसमें सब्जियों को ज्यादा गलाते नहीं है। थोड़ा-सा खड़ा रखते हैं जिससे सब्जी में रौनक आती है।

पत्ता गोभी और नारियल की सब्जी

सामग्री

पत्ता गोभी	1
कच्चा नारियल	½
चने की दाल	2 चम्मच
तेल	2 चम्मच
नमक, राई, हल्दी, कड़ी पत्ता	आवश्यकतानुसार
साबुत लालमिर्च, गरम मसाला	स्वादानुसार

विधि

पत्ता गोभी को कद्दूकस कर के धो लें। नारियल को ग्रेट कर लें।

पैन में तेल डाल कर गरम करें। राई डाल कर चटकाएँ। कड़ी पत्ता, हल्दी, लालमिर्च तोड़कर, गरम मसाला और चने की दाल डाल कर हल्की गैस पर भूने। जब सुगन्ध आने लगे तो पत्ता गोभी डाल दें। अच्छे से चलाएँ।

जब पत्ता गोभी हलकी-सी गलने लगे तो नारियल डाल दें। 2-3 मिनट चलाएँ और फिर ढक दें।

गैस बन्द कर दें।

गाजर और बीन्स की क्रीमी सब्जी

सामग्री

गाजर	2
बीन्स	250 ग्राम
दूध की क्रीम	4 चम्मच
तेल	2 चम्मच
नमक, कड़ी पत्ता, राई, गरम मसाला	स्वादानुसार

विधि

गाजर को धो लें। हल्का-सा छीलकर बारीक छोटे टुकड़ों में काट लें। बीन्स भी धो कर बारीक काट लें।

पैन में तेल डाल कर राई और कड़ी पत्ता डाल कर चटकाएँ।

बीन्स और गाजर डाल कर चलायें।

2 मिनट चलाने के बाद गरम मसाला डाल दें।

मिक्स करने के बाद गैस को सिम कर दें और पैन को ढक दें।

8-10 मिनट बाद ढक्कन हटाएँ और चला कर क्रीम डाल कर 2 मिनट चलाएँ।

गैस बन्द कर दें और सब्जी को ढक दें।

चटनी

सेब और टमाटर की चटनी

सामग्री

सेब	500 ग्राम
टमाटर	150 ग्राम
किशमिश	45 ग्राम
देसी शक्कर	50 ग्राम
नीम्बू का रस	½ कप
लौंग	3
दालचीनी	½ इंच का टुकड़ा
छोटी इलाइची	3
पिसी हुई लाल मिर्च	1 बड़ा चम्मच
पिसी हुई कालीमिर्च	½ छोटा चम्मच
नमक	स्वादानुसार

विधि

सेब को छील कर मोटा-मोटा काट लें और मिक्सर के जार में डालें। टमाटर काटकर जार में डालें। फिर डालें किशमिश, शक्कर और नीम्बू का रस। पीस कर मिश्रण को मोटे तले के पतीले में डाल दें।

लौंग, दालचीनी, इलाइची, लाल मिर्च और कालीमिर्च एक साफ सफेद कपड़े में रख कर पोटली में बाँध लें। पोटली को पतीलें में डालें। नमक डालें और धीमी आँच पर चटनी को पका कर गाढ़ा होने दें। आँच से हटा लें और ठण्डा करें। फिर पोटली को निकाल लें। चटनी को साफ कांच की बोतल में सुरक्षित रखें। आम तापमान पर चटनी 10 दिन अच्छी रहेगी। ब्रेड, चपाती और डोसे के साथ यह चटनी अच्छी लगती है।

तुवर दाल की चटनी

सामग्री

तुवर दाल	¼ कप
ताज़ा नारियल	¼
लाल मिर्च	2
इमली	1 छोटा गोला
नमक	स्वादानुसार
कड़ी पत्ते	7-8

विधि

तुवर दाल को कड़ाही में डालकर मध्यम आँच पर हल्का भूरा होने तक सेंक लें।

फिर लाल मिर्च, कड़ी पत्ते डालकर 2-3 मिनट और सेकें।

नारियल को कद्दूकस करें और डालकर मिला लें।

फिर डालें इमली और स्वादानुसार नमक और फिर धीमी आँच पर 1 मिनट तक पकाएँ।

ठण्डा करें और मिक्सर के जार में डालें। थोड़ा-सा पानी डालकर पीस कर चटनी बना लें।

नोट: गरम उबले हुए चावल और घी के साथ यह चटनी अच्छी लगती है।

केले के तनों का रायता

तरीका 1

सामग्री

केले का तना	6 इंच का टुकड़ा
नमक	स्वादानुसार
दही	1 कप
राई	½ छोटा चम्मच
लाल मिर्च	2
कड़ी पत्ते	7-8

विधि

केले की तनों के रेशे काट कर छोटे टुकड़ों में काट लें।

कटोरे में रखें और ऊपर से नमक छिड़क दें। कुछ मिनट पश्चात्, अतिरिक्त पानी निचोड़ कर निकाल लें। इसे फिर कटोरे में डालें। साथ में डालें दही और अच्छी तरह से मिला लें।

कड़ाही में तेल गरम करें और राई डालें। जैसे ही फूटने लगे, लाल मिर्च और कड़ी पत्ते डालें।

तड़के को रायते पर डालकर मिला लें और नमक चख कर ही और डालें।

परोसें।

तरीका 2

सामग्री

केले का तना	6 इंच का टुकड़ा
नमक	स्वादानुसार
दही	1 कप
अदरक	3 इंच का टुकड़ा
ताज़ा हरा धनिया	4-5 टहनियाँ

विधि

केले की तनों के रेशे काट कर छोटे टुकड़ों में काट लें।

कटोरे में रखें और ऊपर से नमक छिड़क दें। कुछ मिनट पश्चात्, अतिरिक्त पानी निचोड़ कर निकाल लें।

इसे फिर कटोरे में डालें। साथ में डालें दही और अच्छी तरह से मिला लें।

अदरक को धोकर, छीलें और बारीक काटकर रायते में डालें।

हरे धनिये को काटकर डालें और फिर नमक चख कर ही और डालें। यह रायता शरीर को ठण्डक देता है और गुर्दों की सेहत के लिए अच्छा है।

अदरक की चटनी

सामग्री

अदरक	50 ग्राम
ताज़ा नारियल	½
इमली	1 छोटा गोला
लाल मिर्च	2
सूखा साबुत धनिया	1½ बड़े चम्मच
नमक	स्वादानुसार
तिल का तेल	1 छोटा चम्मच
राई	½ छोटा चम्मच
कड़ी पत्ते	14-18

विधि

अदरक को धोकर, छील लें और बारीक काटें। कटोरे में रखें।

नारियल को कद्दूकस कर के कड़ाही में हल्का भूरा होने तक सेंक लें। अदरक में डालकर मिलाएँ और साथ में डालें इमली।

इसी कड़ाही में लाल मिर्च और साबुत धनिये को सेंक लें और फिर अदरक-नारियल में डालकर मिला लें।

ठण्डा होने पर मिक्सर के जार में डालें और स्वादानुसार नमक डालकर बारीक होने तक पीस लें। आवश्यकतानुसार थोड़ा-सा पानी पीसने के समय डालें। कड़ाही में तेल गरम करें और राई डालें। जैसे ही फूटने लगे, कड़ी पत्ते डालें। फिर पिसी हुई अदरक डालकर अच्छी तरह भूनें। ठण्डा करें और परोसें।

नोट: आप चाहें तो पिसी हुई अदरक भूनने के समय एक छोटा टुकड़ा गुड़ भी डाल सकते हैं।

अदरक का तीखा पुलुसु

•••••••••••••••••••••••••••••••

सामग्री

पिसी हुई अदरक	1 कप
तिल का तेल	3 बड़े चम्मच
राई	1 छोटा चम्मच
कड़ी पत्ते	10-12
लाल मिर्च	5
इमली का गाढ़ा पानी	1 कप
पिसी हुई हल्दी	1 छोटा चम्मच
नमक	स्वादानुसार
गुड़	3 बड़े चम्मच
सफेद तिल	1 बड़ा चम्मच

विधि

कड़ाही में तेल गरम करें और राई डालें। जैसे ही फूटने लगे, कड़ी पत्ते और लाल मिर्च डालें।

फिर डालें इमली का पानी और तेल अलग होने तक पकाएँ।

अदरक, हल्दी और नमक डालकर कुछ मिनट पकाएँ ताकि तेल फिर से अलग हो कर ऊपर आ जाये।

गुड़ और थोड़ा-सा पानी डालकर 2-3 मिनट तक पकाएँ।

तिल को अलग कड़ाही में अच्छी महक आने तक सेंक लें।

पुलुसु में डालकर अच्छी तरह से मिलाएँ।

दाल-चावल के साथ पुलुसु स्वादिष्ट होता है।

नोट: पुलुसु 2 हफ्तों तक खराब नहीं होता है।

अदरक-हरी मिर्च नीम्बू वाली

सामग्री

अदरक ताजा	100 ग्राम
हरी मिर्च	10
नीम्बू	1
नमक	½ चम्मच

विधि

अदरक को हल्का-सा छील लें। पतला पतला लम्बाई में लच्छा काट लें। जितना पतला लच्छा होगा, खाने में उतना ही अच्छा लगेगा।

हरी मिर्च को भी लम्बाई में 2 पीस कर लें। अगर मिर्च की लम्बाई ज्यादा हो तो बीच में से भी 2 टुकड़े कर लें।

सबको एक कांच की बाउल में रख कर उसमे नमक डाल कर अच्छे से मिला लें। फिर उसमे नीम्बू निचोड़ दें और मिला दें।

अदरक का रंग गुलाबी होना शुरू हो जायेगा। थोड़ी देर बाहर छोड़ दें।

अदरक-मिर्च को खाने के साथ चटनी की तरह थोड़ा-सा परोंसे। फ्रिज में इसे 10-15 दिन तक रख सकते हैं। स्वाद बढ़ाने के साथ ही हाजमे के लिए बहुत लाभकारी है।

हरी चटनी ताजे धनिये की

सामग्री

ताजा धनिया की पत्ती	50 ग्राम
हरी मिर्च	4-5
नमक, नीम्बू, जीरा और हींग	स्वादानुसार

विधि

धनिये की पत्तियों को धो कर अलग रख लें। हरी मिर्च के 4-5 टुकड़े कर लें। नीम्बू को छोड़ कर सभी वस्तुओं को मिक्सर में थोड़ा-सा पानी डालकर पीस लें। जब चटनी बन जाये तो कांच की कटोरी में निकाल लें और नीम्बू निचोड़ दें। स्वादिष्ट चटनी तैयार है। इसे फ्रिज में 15 दिन रख सकते हैं।

अलग प्रकार:

अगर रखनी न हो तो इसमें नीम्बू की जगह दही भी मिलाया जा सकता। परन्तु यह गर्मी में दही होने के कारण जल्दी ख़राब हो जाती है।

कुछ लोग जो प्याज का इस्तमाल करतें हैं, चटनी पीसते समय प्याज काट कर मिला देते हैं। इससे स्वाद बदल जाता है।

पोदीने की चटनी

सामग्री

पोदीने की पत्ती	1 कप
हरी मिर्च	5
कच्चा आम (मौसम में)	1
नमक, जीरा, हींग और नीम्बू	स्वादानुसार

विधि

पोदीने की पत्ती को धो लें। हरी मिर्च को काट लें। मौसम में कच्चे आम को छीलकर कद्दूकस कर लें।

सभी को मिक्सर में डाल कर चला लें। फिर सारे मसाले डाल कर थोड़ा-सा पानी डाल कर पीस लें।

जब बारीक पिस जाये तो चख लें। यदि खट्टी कम लगे तो नीम्बू निचोड़ दें।

जब आम का मौसम न हो तो नीम्बू ही डालना पड़ता है। मिर्च तेज खाने वाले लालमिर्च का पाउडर भी डाल सकते हैं।

इसे फ्रिज में 15 दिन रख सकते हैं।

मीठी सौंठ की चटनी

सामग्री

साबुत अमचूर	150 ग्राम
चीनी	100 ग्राम
नमक, देगी मिर्च, काली मिर्च, गरम मसाला	स्वादानुसार
कचरी, सौंठ (सूखा अदरख) पाउडर	स्वादानुसार

विधि

अमचूर और चीनी को एक गिलास पानी में डाल कर उबाल लें। पेस्ट बना लें। गांठ न रहें और पेस्ट एक जैसा गाढ़ा हो। बहुत पतला न हो और न ही बहुत गाढ़ा - चम्मच से आराम से उठ जाए, एक लेई-सी बन जाये।

काली मिर्च को थोड़ा दरदरी पीसें। पाउडर नहीं चाहिए। इतनी हो की मुँह में उसकी थोड़ी तेजी महसूस हो। कचरी को भी पीस लें। (कचरी किसी भी मसाले की दूकान पर मिल जाती है)। अब सारे मसाले चटनी में मिक्स कर दें।

चटनी तैयार है। इसे आप कांच की प्याली में फ्रिज में 15 दिन रख सकते हैं।

इस चटनी में चाहें तो अलग अलग चीज़ें डाल कर अलग अलग तरह से पेश कर सकते हैं। जैसे : पका हुआ केला काट कर डाल देने से यह केले की मीठी सौंठ बन जाएगी, पके हुए आम की लम्बी फांकें काट कर डाल देने से यह आम की चटनी बन जाएगी या फिर मेवा डाल दें—मेवा में खजूर/छुआरा भिगो कर पतला लम्बा काट कर।

खरबूजे की गिरी/चिरोंजी और किशमिश डाल सकते हैं।

इसका खट्टा मीठा स्वाद बच्चों को बहुत भाता है। दही-भल्ले इत्यादि पर भी इसे डाल कर खाया जाता है।

आम और गुड़ का रायता

सामग्री

कच्चे आम	4 मध्यम आकार के
गुड़	1 कप
सांभर पाउडर	1 बड़ा चम्मच
नमक	स्वादानुसार
तेल	1 बड़ा चम्मच
राई	1 छोटा चम्मच
मेथी दाना	1 छोटा चम्मच
कड़ी पत्ते	7-8

विधि

आम को अच्छी तरह धो लें।

फिर छील कर छोटे टुकड़ों में काट लें। पतीले में रखें और पानी डालें –आम पानी से ढंक जायें उतना ही।

नरम होने तक पकाएँ। फिर कड़छी से मसल लें।

इसमें डालें गुड़ और थोड़ा-सा पानी और उबाल आने दें।

गुड़ की चाशनी बन जाने पर सांभर पाउडर और स्वादानुसार नमक डालकर मिला लें और आँच से हटा दें।

कड़ाही में तेल गरम करें और राई डालें। जैसे ही फूटने लगे, मेथी दाना और कड़ी पत्ते डालें।

तड़के को रायते में डालकर मिला लें और परोसें।

यह चटनी चपाती, उबले हुए चावल और पूरी के साथ स्वादिष्ट लगती है।

कद्दू और दही का रायता

••

सामग्री

लाल कद्दू	250 ग्राम
दही	1 कप
तेल	2 छोटे चम्मच
नमक	स्वादानुसार
ताज़ा नारियल	3 इंच का टुकड़ा
जीरा	1 छोटा चम्मच
लाल मिर्च	2
पके हुए चावल	1 बड़ा चम्मच
राई	¼ छोटा चम्मच
धुली उड़द दाल	¼ छोटा चम्मच
कड़ी पत्ते	4-5
ताज़ा हरा धनिया	2-3 टहनियाँ

विधि

कद्दू को छीलकर कद्दूकस कर लें।

कड़ाही में 1 छोटा चम्मच तेल गरम करें और कद्दू को 2-3 मिनट भूनें। नमक डालकर मिलाएँ और कटोरे में निकाल लें।

नारियल को कद्दूकस करें और मिक्सर के जार में डालें। साथ में डालें जीरा, लालमिर्च और चावल। पीस लें।

बाकी बचा तेल कड़ाही में गरम करें और राई डालें। जैसे ही फूटने लगे, दाल और कड़ी पत्ते डालें और दाल को हल्का सुनहरा होने दें।

फिर डालें पिसा हुआ कद्दू और नारियल और अच्छी तरह मिला लें। आँच से हटाएँ। ठण्डा करें और दही मिला सें। हरा धनिया काट कर डालें और मिलाएँ और परोसें।

दही का रायता [4 किस्म का]

1. खीरे का रायता

सामग्री

दही	1 कप
खीरा	½

काला नमक/भुना जीरा पिसा हुआ/गरम मसाला/लाल मिर्च पाउडर

विधि

खीरे को छील कर कद्दूकस कर लें। हल्के हाथ से निचोड़ लें। अब दही को फेंट लें। अगर दही खट्टा हो तो थोड़ी-सी पीसी हुई चीनी मिक्स कर दें। फिर उसमे खीरा डाल दें। ऊपर से नमक मसाला स्वादानुसार डाल कर मिक्स कर दें। यदि परोसने में थोड़ा समय हो तो फ्रिज में रख दें।

नोट: चूँकि रायते में दही सबसे अधिक महत्वपूर्ण है, इस लिए दही का गाढ़ा, मीठा और क्रीमी होना आवश्यक है। जब दही जमाएँ तो टोण्ड दूध का इस्तमाल न करें और मीठे दही का ही जामन लगायें। कुछ लोग दूध में थोड़ी-सी चीनी डाल देते हैं जिससे दही मीठा रहता है।

2. बूँदी का रायता

सामग्री

दही	1 कप

बेसन की बूँदी 2 बड़े चन्मच

नमक, गरम मसाला, सूखा पोदीना, लाल मिर्च पाउडर

विधि

बूँदी को ½ घण्टे के लिए पानी में भिगो दें। फिर दही को फेंट कर उसमें बूँदी मिला दें। ऊपर से नमक, गरम मसाला और सूखा हुआ पोदीना स्वादानुसार डाल कर मिला दें। चाहें तो थोड़ी-सी लाल मिर्च का पाउडर भी डाल सकते हैं। 1-2 डली बर्फ की डाल देने से ठण्डा रहता है और खट्टा नहीं होता।

नोट : बूँदी हर परचून की दुकान पर रेडीमेड मिलता है। परन्तु यह अवश्य देख लें की वह ताज़ी हो। बूँदी में 15 दिन में खुशबू आने लगती है यदि अच्छे तेल में न तली हो। इससे रायते का स्वाद ख़राव हो जाता है।

3. आलू का रायता

सामग्री

दही 1 कप

आलू 2

काला नमक, काली मिर्च पाउडर, गरम मसाला, भुना जीरा

विधि

आलू उबाल कर ठण्डा होने दें। आलू छील कर उसके छोटे छोटे टुकड़े कर लें। दही को फेंट लें। उसमें कटे हुए आलू मिला दें। ऊपर से डालें काला नमक पिसा हुआ, गरम मसाला, भुना जीरा और कालीमिर्च पाउडर स्वादानुसार। अच्छे से मिक्स कर के परोसें।

4 मेवों का रायता

सामग्री

मखाने	10
किशमिश	5-6
बादाम	10
चिरोंजी	थोड़ी-सी
चीनी पाउडर	2 चम्मच
दही	1 कप

विधि

मखाने, किशमिश और बादाम ½ घण्टे के लिए गुनगुने पानी में भिगो दें। बादाम को निकाल कर छील लें। फिर बादाम को लम्बा-लम्बा काट लें।

दही को फेंट लें अगर पतला लगे तो कपड़ाछान कर लें। इसमें चीनी पाउडर मिलाएँ और अच्छे से मिक्स कर लें। अब इसमें मखाने, किशमिश, कटे बादाम और चिरोंजी मिला कर ठण्डा कर लें।

परोंसे।

इस पर विचार करें

अपने भोजन को ठीक से चबाना पाचन के लिए बहुत महत्वपूर्ण है। अध्ययन दर्शाते हैं कि स्टार्च वाले खाद्य पदार्थों के लिए, 40 फीसदी पाचन लार से होना चाहिए।

भोजन के बाद, सोने से पहले कम से कम दो घण्टे का समय दें। पाचन आपकी चयापचय क्रिया को तेज करता है। अगर ऐसी स्थिति में आप सोते हैं, तो न आप ठीक से सो पाएँगे और न ही भोजन ठीक से पच पाएगा। अगर आप खाने के तुरन्त बाद सो जाते हैं, तो आपने क्या खाया है, उसे देखते हुए 80 फीसदी तक भोजन बिना पचा रह सकता है।

भोजन के डेढ़ से दो घण्टे पहले फल खाया जाना चाहिए। उस फल के मौसम के समय और अपने इलाके में उगा फल खाना सबसे अच्छा होता है।

भोजन के समय पानी पीने से बचें। भोजन से कुछ मिनट पहले थोड़ा-सा पानी पी लें या भोजन के तीस से चालीस मिनट बाद पानी पीएँ।

क्या आपको पता है?

बहुत अधिक पानी पीने से मस्तिष्क में सूजन हो सकती है। अपनी प्यास से थोड़ा अधिक पानी पीना सबसे अच्छा होता है। पानी को ताँबे के बरतन में भर कर रात भर छोड़ भी सकते हैं। इससे बैक्टीरिया नष्ट हो जाता है और पानी में ऊर्जा भर जाती है।

एक बात याद रखिए कि खाने को लेकर नखरे न करें—"मैं यह नहीं खाऊँगा, मैं वह नहीं खाऊँगा। मुझे इस तरह खाना है, मुझे उस तरह खाना है।" ठीक से खाने से अधिक ज़रूरी है, खुश होकर खाना। भोजन का आप पर असर पड़ता है, लेकिन वही सब कुछ तय नहीं करता। खाने का

असली आनन्द यह है कि आप इस बारे में जागरूक हों कि कोई दूसरा जीवन आपका हिस्सा बनना चाहता है, आपके जीवन में घुलना-मिलना और आपके साथ एकाकार होना चाहता है। यह मनुष्य जीवन की सबसे बड़ी खुशी है कि किसी रूप में कोई दूसरा जीवन उसका हिस्सा बनना चाहता है।

—सद्गुरु

खाने के बाद : कुछ पेय और मीठा

•••

चाय और कॉफी

चाय और कॉफी तन्त्रिका प्रणाली को उत्तेजित करते हैं। ऐसे पदार्थों से कुछ समय के लिए शरीर में फुर्ती महसूस होती है जिसके बाद शरीर का ऊर्जा का स्तर कम होने लगता है। तन्त्रिका प्रणाली को उत्तेजित करने वाले पदार्थों का अधिक सेवन लम्बे समय में स्टेमिना को खत्म कर देता है और ऊर्जा को जमा रखने की शरीर की क्षमता पर असर डालता है। कैफीन का सेवन रचनात्मकता को भी कम करता है।

"क्या आपको चाय या कॉफी छोड़ देनी चाहिए? आप क्या छोड़ते हैं, यह आपके ऊपर है। मैं कभी आपसे यह चीज़ या वह चीज़ छोड़ने के लिए नहीं कहूँगा। मैं बस यह कह रहा हूँ कि किसी भी चीज़ का गुलाम बन कर मत रहिए, चाहे वह कुछ भी हो। बल्कि, सजग होकर जीना सीखिए। चाहे वह कॉफी हो, या सिगरेट, या ईश्वर, हर किसी के साथ सजग होकर रहना सीखिए। किस चीज़ की कितनी मात्रा हो, यह फैसला सिर्फ़ आप कर सकते हैं। लेकिन आपको यह समझना चाहिए कि अगर आप लम्बे समय तक शरीर को उत्तेजित करने वाले पदार्थों का उपयोग करते हैं, तो आपको उसकी कीमत चुकानी होगी। अगर आप ऐसा सोचते हैं कि 'आखिरकार, छोटी-सी जिन्दगी है। यही होगा कि 90 की बजाय 70 की उम्र में मर जाऊँगा।' कोई बात नहीं। मैं इस नजरिये के खिलाफ नहीं हूँ, न ही कॉफी के खिलाफ हूँ।

उसका सेवन मजबूरी में नहीं किया जाना चाहिए। आपको उसका स्वाद पसन्द है, आप एक दिन बड़ा कप भर कर पीते हैं और वाकई मजे लेकर उसे पीते हैं। कभी-कभार पीने में कोई बुराई नहीं है। लेकिन अगर आपके लिए रोजाना उस चीज़ का सेवन अनिवार्य है, तो यह एक समस्या है। अगर आपकी स्थिति यह है कि सुबह की चाय या कॉफी न मिलने से

आपका दिन खराब हो जाता है, तो आपको इस बारे में सोचने की ज़रूरत है। कॉफी का एक मामूली-सा कप आपके जीवन का स्वरूप तय करे, ऐसा नहीं होना चाहिए, है न?"

—सद्‌गुरु

उनकी जगह इसे आजमाएँ

हर्बल चाय एक अच्छा वैकल्पिक पेय है। उसकी बहुत-सी किस्में उपलब्ध हैं और उनका स्वाद चाय जैसा किया जा सकता है। उचित मात्रा में काली मिर्च के साथ अदरक और धनिया वाली चाय तन्त्रिका प्रणाली को उत्तेजित किए बिना आपकी सुबह को ताजगी से भर सकती है।

गरमागरम पेय

लेमन ग्रास चाय

सामग्री

लेमन ग्रास तेल 8 बूँदें
शहद/गुड़ स्वादानुसार

विधि

चार कप गरम पानी लें। हर एक में दो दो बूँदें लेमन ग्रास तेल की डाल दें। इससे ज़्यादा डालने से चाय कड़वी हो सकती है। फिर शहद अथवा गुड़ स्वादानुसार डालें और मिलायें।

तुरन्त परोसें।

दालचीनी की चाय

सामग्री

दालचीनी का पाउडर 2 छोटे चम्मच
सूखी अदरक का टुकड़ा 4 इंच
शहद/गुड़ स्वादानुसार

विधि

एक छोटे पतीले में 4½ कप पानी डालें और उबाल आने दें।

इस दौरान सूखी अदरक को कूट लें।

पतीले में डालें और साथ में डालें दालचीनी का पाउडर और गुड़।

तीन से चार मिनट धीमी आँच पर उबालें।

छान कर कप में डालें और गरमागरम परोसें।

अदरक की चाय

सामग्री

ताज़ी अदरक	2 इंच का टुकड़ा
तुलसी के पत्ते	25-30
साबुत सूखा धनिया (इच्छानुसार)	2 छोटे चम्मच
नीम्बू का रस	1 छोटा चम्मच
शहद/गुड़	स्वादानुसार

विधि

एक छोटे पतीले में 4½ कप पानी डालें और उबाल आने दें। इस दौरान अदरक को तुलसी के पत्तों के साथ कूट लें। दोनों को साबुत सूखे धनिये के साथ डालें। दो से तीन मिनट तक चाय को धीमी आँच पर उबालें। फिर छान कर कप में डालें और नीम्बू का रस और स्वादानुसार शहद/गुड़ डालकर मिला लें। गरमागरम परोसें।

अदरक ओर धनिये की कॉफी

सामग्री

ताज़ी अदरक	2 इंच का टुकड़ा
सूखा साबुत धनिया	4 छोटे चम्मच
गुड़ स्वादानुसार	

विधि

अदरक को हल्का-सा कूट लें।

एक पतीले में 4½ कप पानी लें और उबाल आने दें।

इसमें डालें अदरक और साबुत धनिया और फिर आँच धीमी करें।

काफी को धीमी आँच पर 3-4 मिनट तक उबालें।

गुड़ डालकर मिला लें।

कप में छान लें और गरमागरम परोसें।

सूखी अदरक की कॉफी

सामग्री

सूखी अदरक का कॉफी पाउडर*	4 छोटे चममच
गुड़/शक्कर	स्वादानुसार

विधि

एक पतीले में 4½ कप पानी डालें और उबाल आने दें।

इसमें डालें सूखी अदरक का पाउडर और आँच को धीमी करें।

कॉफी को धीमी आँच पर 3-4 मिनट तक रखें।

अब डालें गुड़/शक्कर और अच्छी तरह से मिला लें।

कप में छानें और शहद डालकर मिला लें।

आप चाहें तो दूध भी डाल सकते हैं।

* सूखी अदरक का कॉफी पाउडर बनाने के लिए, 100 ग्राम सूखी अदरक के टुकड़े और 75 ग्राम सूखा साबुत धनिये को छोटे पतीले में सेकें जब तक अच्छी महक आने लगे। ठण्डा करें और बारीक पीस लें। हवा-बन्द बोतल में सुरक्षित रखें।

एनर्जी मॉल्ट

सामग्री

दूध	4 कप
एनर्जी मॉल्ट पाउडर *	4 छोटे चम्मच
चीनी	इच्छानुसार, स्वादानुसार

विधि

दूध को गरम करें और कप में डालें। इसमें डालें एनर्जी मॉल्ट पाउडर और अच्छी तरह घुलने तक चम्मच चलाएँ। आप चाहें तो चीनी डालें। चाहें तो गरम पानी में भी यह पेय बना सकते हैं।

* एनर्जी मॉल्ट पाउडर बनाने के लिए, निम्नलिखित को अलग-अलग सेंक लें : 100 ग्राम चने की दाल, 150 ग्राम धुली उड़द दाल, 200 ग्राम गेंहू, 150 ग्राम बाजरा और 200 ग्राम रागी/नाचनी। अच्छी महक आने व हल्का भूरा होने तक ही सेकें। ठण्डा करें और 2-3 छोटी इलाइची और 50 ग्राम काजू के साथ बारीक पीस लें। फिर 100 ग्राम दूध का पाउडर और 100 ग्राम गुड़ डालकर मिला लें।

गरमागरम नीम्बू पानी

सामग्री

नीम्बू	1-2
गुड़	स्वादानुसार

शहद	स्वादानुसार

विधि

एक छोटे पतीले में चार कप पानी डालें और इसमें गुड़ डालें। पानी को उबालें और जैसे ही गुड़ पिघल जाये, पतीले को आँच से हटा दें। कप में छानें और ताज़ा निचोड़ा हुआ नीम्बू का रस स्वादानुसार डालकर मिला लें। शहद भी स्वादानुसार मिला लें। गरमागरम परोसें।

तुलसी ओर पुदीने की चाय

सामग्री

तुलसी मिण्ट टी पाउडर (तुलसी पुदीना चाय)*	2 छोटे चम्मच
शहद/गुड़	स्वादानुसार

विधि

एक छोटे पतीले में 4½ कप पानी डालें और उबाल आने दें। फिर डालें तुलसी मिण्ट टी पाउडर और फिर आँच धीमी करें। तीन मिनट तक धीमी आँच पर उबालें। कप में छानें और स्वादानुसार शहद अथवा गुड़ डालकर मिला लें। गरमागरम परोसें।

* तुलसी मिण्ट टी बनाने के लिए, चार गुच्छे ताज़ी और कोमल तुलसी और चार गुच्छे ताज़ा और कोमल पुदीना लें। पत्तों को अलग करें और छाँव में सुखाने रखें। सूखने पर दरदरा पीस लें और हवा-बन्द बोतल में सुरक्षित रखें।

घी

रोजाना भोजन से कुछ मिनट पहले एक चम्मच घी खाना पाचन तन्त्र पर अद्भुत असर करता है। अगर आप चीनी के साथ घी खायें, तो वह पच जाता है और वसा में बदल जाता है। लेकिन चीनी के बिना घी आहार नली की सफाई करता है, उसे स्वस्थ बनाता है और चिकनाई देता है। इसके अलावा, मलाशय की सफाई से त्वचा में एक चमक और जीवन्तता आ जाती है।

लहसुन और प्याज

ज़रूरत के मुताबिक इस्तेमाल करने पर लहसुन एक शक्तिशाली औषधि है। लेकिन अगर रोजाना भोजन के साथ लहसुन खाया जाए, तो वह बहुत नुकसान कर सकता है। नियमित रूप से खाने पर प्याज भी नुकसानदेह हो सकता है। प्याज काटते वक्त हमारी आँखों तक में भी पानी आ जाता है!

मीरा

आपके दैनिक आहार से जुड़ी आश्चर्यजनक सचाइयां

चीनी

आज बाजार में उपलब्ध ज्यादातर चीनी अपने कच्चे प्रकार का रासायनिक तरीके से परिष्कृत और संशोधित रूप है। संयुक्त राज्य राष्ट्रीय स्वास्थ्य संस्थान के मुताबिक, ऐसी परिशोधित चीनी से 'खाली कैलोरियां' मिलती हैं क्योंकि परिष्करण की विधि से उसके लगभग सारे विटामिन और खनिज नष्ट हो जाते हैं, जिससे चीनी की पौष्टिकता जबर्दस्त रूप से कम हो जाती है।

अमेरिकन हार्ट एसोसिएशन प्राकृतिक या प्राकृतिक रूप से उत्पन्न चीनी और बाहरी या कृत्रिम चीनी के बीच का अन्तर बताता है। प्राकृतिक चीनी फलों, सब्जियों और दुग्ध उत्पादों के एक अभिन्न घटक के रूप में प्राकृतिक रूप से पाई जाने वाली चीनी है जबकि सुक्रोज या शीतल पेयों, भोजन और फलों के रसों में ऊपर से मिलाई जाने वाली चीनी कृत्रिम चीनी होती है। उनकी रिपोर्ट के मुताबिक यह बात साबित हो सकती है कि अधिक मात्रा में चीनी लेना आर्टीरीओस्क्लरोसिस (धमनियों की एक बीमारी) को बढ़ा सकता है और मधुमेह तथा पोषण से जुड़ी कमियों को उत्पन्न कर सकता है।

शोध से पता चला है कि अधिक मात्रा में चीनी लेने से अस्वास्थ्यकर भोजन सम्बन्धी आदतें हो सकती हैं। चीनी खाने से बहुत से लोगों में और चीनी खाने की इच्छा होने लगती है जिससे बिंज ईटिंग (बीच-बीच में छुटपुट खाना) की आदत हो सकती है।

चीनी की जगह इसे आजमाएँ

गुड़

चीनी का एक बढ़िया विकल्प गुड़ है। गुड़ चीनी का अपरिष्कृत, कच्चा प्रकार है, जिसे हमारे पूर्वज इस्तेमाल करते थे और जिसे देखकर नाचोस चकरा गया था। गुड़ को भारत और दक्षिण एशिया में बड़े पैमाने पर भोजन में मिठास लाने के लिए इस्तेमाल किया जाता है। इसमें गन्ने के रस में मौजूद खनिज, पोषक तत्व और विटामिन बरकरार रहते हैं और प्राचीन भारत की चिकित्सा व्यवस्था - आयुर्वेद में सूखी खाँसी का उपचार, पाचन बेहतर करने और बहुत-सी अन्य बीमारियों के इलाज में उसका इस्तेमाल किया जाता है।

ध्यान में रखें

गुड़ कह कर बेचे जाने वाले कुछ उत्पादों में सुपर-फॉस्फेट नामक एक रसायन होता है, जो स्वास्थ्य के लिए नुकसानदेह होता है। सफेद, साफ-सुथरा दिखने वाला गुड़ सुपर-फॉस्फेट वाला गुड़ होता है, जिससे बचना चाहिए। बदसूरत सा, गहरे रंग का गुड़ आम तौर पर असली गुड़ होता है।

शहद

शहद भी चीनी का एक बहुत बढ़िया विकल्प है। शहद का रोजाना सेवन, खासकर अधिक कफ की समस्या वाले और दमा पीड़ित लोगों के लिए बहुत उपयोगी होता है। यह हृदय और मस्तिष्क के लिए भी बहुत अच्छा होता है और दिमाग को सचेत रखता है।

बहुत से प्राचीन चिकित्सा ग्रंथों में स्वास्थ्य पर शहद के गुणकारी प्रभाव के बारे में बताया गया है। आधुनिक समय में भी शहद के औषधीय गुणों पर शोध किए जा रहे हैं और उनके दिलचस्प नतीजे सामने आए हैं। गुनगुने पानी में मिलाकर रोजाना इस्तेमाल करने पर, वह वाहिका तन्त्र (सर्कुलेटरी सिस्टम) में लाल रक्त कोशिकाओं (आरबीसी) की संख्या बढ़ाता है। आरबीसी शरीर

के विभिन्न भागों में ऑक्सीजन पहुँचाने का मुख्य साधन हैं। शहद का सेवन लाभकारी एंटीऑक्सीडेण्ट तत्वों को भी बढ़ाता है, एंटीबॉडीज को बढ़ाता है और नुकसानदेह सूक्ष्मजीवों से लड़ने में मदद करता है।

गुनगुने पानी में मिलाए जाने पर शहद खून में हेमोग्लोबिन का स्तर भी बढ़ाता है, जिससे एनीमिया (खून की कमी) से निपटने में मदद मिलती है। शरीर में लौह तत्व की कमी तब होती है जब आहार में लौह तत्व की कमी होती है या शरीर उसे पर्याप्त रूप से ग्रहण नहीं कर पाता। इससे खून की शरीर में ऑक्सीजन पहुँचाने की क्षमता कम हो जाती है। ऑक्सीजन पहुँचाने की क्षमता कम होने से थकान, दम फूलना और कभी-कभार अवसाद और अन्य समस्याएँ होती हैं। खून में ऑक्सीजन का स्तर बनाए रखना बहुत महत्वपूर्ण है क्योंकि शरीर कितना स्वस्थ है और कितनी आसानी से अपना कायाकल्प करता है, यह खून में ऑक्सीजन के स्तर पर निर्भर करता है।

मधुमक्खियाँ 1 किलोग्राम शहद के लिए पर्याप्त पराग इकट्ठा करने के लिए 195,000 किलोमीटर या दुनिया के 5 चक्कर के बराबर घूमती हैं।

ध्यान में रखें

पकाए जाने पर शहद विषैला हो सकता है। शहद को गुनगुने या हल्के गर्म पानी में मिलाएँ, उबलते हुए गरम पानी में नहीं। एक साल से कम उम्र के बच्चों को भी शहद नहीं देना चाहिए।

बादाम की खीर

सामग्री

बादाम	20
दूध	3½ कप
चीनी	¼ कप
केसर	8-10 पँखुड़ियाँ

विधि

बादाम को 1½ कप गरम पानी में 1-2 घण्टे के लिए भिगो दें।

छिलका अलग करें और बादाम मिक्सर के जार में रखें।

पहले दरदरा पीस लें और फिर आधा कप दूध धीरे-धीरे डालते हुए बारीक पीसें।

बाकी दूध एक पतीले में डालें और उबाल आने दें।

इसमें पिसे हुए बादाम धीरे-धीरे डालें, चम्मच चलाते रहें ताकि कोई गुठली न बनें।

मध्यम आँच पर पकाएँ, चम्मच चलाते रहें जब तक पिसे हुए बादाम अच्छी तरह से मिल जायें। ध्यान रहे कि दूध में उबाल न आये।

फिर डालें चीनी और मिला लें।

इसमें से एक बड़ा चम्मच गरमागरम दूध लें और केसर भिगो दें।

फिर इसे भी पतीले में डाल दें। पतीले को आँच से हटा दें।

कप में डालें और खीर परोसें।

काजू का केक

•••••••••••••••••••••••••••••••••••

सामग्री

काजू	200 ग्राम
चीनी	200 ग्राम
दूध	आवश्यकतानुसार
घी	1 छोटा चम्मच
पिसी हुई हरी इलाइची	¼ छोटा चम्मच

विधि

काजू को मिक्सर में लें और पीस लें। कटोरे में डालें।

फिर इसी मिक्सर में चीनी लें और बारीक पीस लें।

पिसे हुए काजू कड़ाही में रखें और धीमी आँच पर सेंक कर हल्का-सा गरम करें। फिर इस पर पिसी हुई चीनी छिड़कें ताकि गरमाहट से पिघल जाये।

एक कटोरे में डालें और धीरे-धीरे उबला हुआ दूध आवश्यकतानुसार डालें ताकि लोई तैयार हो जाये।

इसमें डालें घी और इलाइची और गूँथे। आप चाहें तो थोड़ी बूँदें खाने के रंग की डाल सकते हैं।

चिकनी थाली में लोई को फैला दें और ऊपर से एक समान कर दें।

ठण्डा करें और अपनी पसन्द के आकार में काटें और परोसें।

फलों का हलवा

सामग्री

सेब	6-8
अंगूर	500-600 ग्राम
कोर्नफ्लावर	6 छोटे चम्मच
चीनी	2 कप
नमक	स्वादानुसार
घी	2 बड़े चम्मच
काजू	10
बादाम	6
किशमिश	15

विधि

सेब को धोकर छीलें और पीस कर रस निकाल लें। छान कर 2 कप रस नाप कर अलग रखें। इसी प्रकार अंगूर को भी पीस लें। फिर छान लें और नाप कर 2 कप रस अलग रखें। दोनों रस को मिला लें। इसका आधा कप एक कटोरे में डालें और कोर्नफ्लावर छिड़क दें। ध्यान रखें कि कोई गुठलियाँ न रहें। बाकी का रस और चीनी एक मोटे तले वाले पतीले में डालें और मध्यम आँच पर चम्मच चलाते हुए पकाएँ। पाँच मिनट बाद, कोर्नफ्लावर का मिश्रण और नमक डालें और अच्छी तरह से मिला लें और चम्मच चलाते रहें ताकि पतीले के तले पर चिपके नहीं। एक कड़ाही में घी गरम करें और इसमें डालें काजू, बादाम और किशमिश। किशमिश फूल जाने दें। इन्हें फिर हलवे में डालकर मिला लें और आँच से हटा दें। ठण्डा करें और परोसें। आप चाहें तो हलवे को ठण्डा करें और क्रीम के साथ परोसें।

आलू का हलवा

सामग्री

आलू	3 मध्यम आकार के
दूध	¼ कप
चीनी	1 कप
घी	3 बड़े चम्मच
काजू	5
किशमिश	10

विधि

आलू को उबालें और छील लें। फिर अच्छी तरह से मसल लें।

एक पतीले में दूध डालें और उबाल आने दें। जैसे ही उबाल आये, चीनी डालें और चम्मच चलाते हुए दूध में घोल लें।

कड़ाही में घी की आधी मात्रा डालें और इसमें डालें आलू। फिर धीमी आँच पर अच्छी महक आने तक भूनें।

चम्मच चलाते हुए गरम मीठा दूध डालकर मिला लें और धीमी आँच पर गाढ़ा होने तक पकाएँ।

इस दौरान, बाकी घी दूसरी कड़ाही में गरम करें और काजू को तल लें। अलग रखें।

इस घी को हलवे में किशमिश के साथ डालकर मिला लें।

हलवे को तले हुए काजू से सजाकर परोसें।

रागी का हलवा

सामग्री

रागी का आटा	1 कप
गुड़	1 कप
घी	¼ कप
काजू	10
ताज़ा नारियल	¼
पिसी हुई हरी इलाइची	½ छोटा चम्मच

विधि

रागी के आटे को कटोरे में रखें और पानी डालकर लोई बना लें।

फिर दो हिस्से करें और पेड़े बना लें।

दोनों पेड़ों को थपथपाकर मोटी रोटी का आकार दें और तवे पर रख कर मध्यम आँच पर दोनों ओर पर अच्छी तरह से पका लें।

रोटियों को ठण्डा करें और चूरा बना लें। मिक्सर में पीस लें।

एक मोटे तले वाले पतीले में गुड़ को रख कर थोड़े-से पानी के साथ ढंक दें। आँच पर रखें और चम्मच चलाएँ ताकि गुड़ पूरा घुल जाये। फिर छान लें।

फिर से आँच पर रखें और 2 तार की चाशनी बनने तक पकाएँ।

कड़ाही में घी गरम करें और काजू को सुनहरा भूरा होने तक तलें। फिर घी को अलग रख दें।

रागी की चूरी थोड़ी-थोड़ी कर के उबलती हुई चाशनी में डालें और अच्छी तरह से मिला लें।

नारियल को कद्दूकस करें, डालकर मिला लें। फिर डालें घी और इलाइची। फिर से मिलाएँ। हलवा कड़ाही को छोड़ने लगे तब तक पकाएँ। आँच से हटाएँ।

तले हुए काजू से सजाकर परोसें।

केले का हलवा

सामग्री

कच्चे केले	5
गुड़	300 ग्राम
पिसी हुई हरी इलाइची	1 छोटा चम्मच
घी	3 बड़े चम्मच

विधि

केलों को प्रेशर कुकर में पका लें। निकाल कर ठण्डा करें। छील कर मसल लें। अलग रखें।

पतीले में 1 कप पानी और गुड़ डालें। गरम करें ताकि गुड़ पानी में घुल जाये। फिर छान लें।

चाशनी को आँच पर रखें और 1 तार की चाशनी बना लें।

इसी में मसले हुए केले डालें और चम्मच चलाते हुए पकाएँ जब तक हलवा पतीले से अलग होने लगे।

फिर डालें इलाइची और घी और अच्छी तरह मिला लें।

आँच से हटाएँ, ठण्डा करें और परोसें।

खजूर का रोल

सामग्री

खजूर	15
साबुत काजू	15
मैदा	250 ग्राम
बेकिंग पाउडर	¼ छोटा चम्मच
पिसी हुई चीनी	125 ग्राम
मक्खन	125 ग्राम
वेनीला एसेन्स	4-5 बूँदें

विधि

ओवन को 180°C पर गरम करें। खजूर के बीज निकाल ले और हर एक खजूर में एक-एक काजू भर दें। काजू का मोटा भाग खजूर के बाहर दिखना चाहिए।

मैदे को बेकिंग पाउडर के साथ छान ले और अलग रखें।

एक कटोरे में पिसी हुई चीनी और मक्खन ले और हल्का हो जाने तक फेटें। फिर डालें वेनीला एसेन्स और मिला लें। फिर धीरे-धीरे मैदा डालें और आटा गूँथ लें।

इसके एक समान भाग बनाकर पेड़े बना लें।

हर एक पेड़े के बीच में अंगूठे से गड्ढा बना कर इस पर खजूर रखें और आधा भाग ही ढकें ताकि काजू का भाग बाहर ही रहे और दिखे।

एक चिकनी बेकिंग ट्रे पर थोड़ी दूर दूर सभी रोल को रखें और गरम ओवन में 25 मिनट तक पकाएँ।

ओवन से निकालें, ठण्डा करें और परोसें।

सूजी हलवा

सामग्री

सफेद सूजी	¼ कप
दूध	1¼ कप
चीनी	½ कप
घी	2 छोटे चममच
काजू	5
किशमिश	10

विधि

एक कड़ाही में सूजी लें और अच्छी महक आने तक सेकें। फिर थोड़ा-सा गरम दूध डालकर भिगो दें।

बाकी के दूध को उबाल लें।

जैसे उबलने लगे, चीनी डालें और अच्छी तरह से घुल जाने दें।

इसमें डालें भिगोई हुई सूजी और अच्छी तरह से मिला लें ताकि गुठलियाँ न रहें।

फिर हलवे को धीमी आँच पर पकाएँ।

इस दौरान, छोटी कड़ाही में घी गरम करें और काजू को तल लें। अलग रखें।

इस घी को किशमिश के साथ हलवे में डालें। अच्छी तरह से मिला लें। हलवे को तले हुए काजू से सजाकर परोसें।

गाजर का हलवा

सामग्री

गाजर	1 किलो
दूध	½ लीटर
खोया	100 ग्राम
देसी घी	100 ग्राम
चीनी	150 ग्राम
काजू और बादाम	सजावट के लिए बारीक कटे हुए

विधि

गाजर को धो कर हल्का-सा छिलका उतार लें और कद्दूकस कर लें। इसे प्रेशर कुकर में एक कटोरी पानी के साथ डाल कर एक सीटी लगा कर गैस से उतार दें।

अब एक भारी कड़ाही में दूध उबाल लें। फिर गाजर को प्रेशर कुकर में से निकाल कर उबलते दूध में डाल दें। गैस हलकी कर दें। जब तक दूध सूख न जाए गाजर को उबलने दें। बीच बीच में पलटे से चलाते रहें, जिससे नीचे से जले नहीं।

खूब गाढ़ा होने पर उसमे खोया कद्दूकस कर के डाल दें। खोया मिक्स होने के बाद चीनी डाल कर अच्छी तरह जल्दी-जल्दी चलाएँ।

जब हलवा कड़ाही छोड़ने लगे तो घी डाल दें। 5 मिनट चलाएँ। जब खुशबू आने लगे तो गैस बन्द करदें। हलवा तैयार है।

परोसने से पहले कटे हुए काजू बादाम ऊपर से डाल दें।

मूँग दाल का हलवा

सामग्री

धुली हुई मूँग दाल	1 कटोरी
देसी घी	1 कटोरी
चीनी	1 कटोरी
छोटी इलाइची के दाने पिसे हुए	3-4
हरा पिस्ता बारीक कटा हुआ	20 ग्राम

विधि

दाल को 2 घण्टे पहले पानी में भिगो दें। फिर मिक्सर में डाल कर दरदरा पीस लें।

कड़ाही में देसी घी गर्म करें और गैस कम कर दें।

फिर उसमे दाल डाल कर जल्दी जल्दी चलाते रहें।

दाल को कम से कम 45 मिनट तक हल्की गैस पर भूनें।

जब दाल हल्के भूरे रंग की हो जाए और कड़ाही छोड़ने लग जाए तो उसमे 2 कटोरी पानी डाल दें।

2 मिनट चला कर चीनी डाल कर गैस तेज कर दें।

हलवे को उसमे पकने दें पर बीच-बीच में चलाते रहें।

जब हलवा कड़ाही छोड़ने लगे तो गैस बन्द कर दें।

अब ऊपर से इलाइची पाउडर डालकर ढक दें।

परोसने से पहले कटा हुआ पिस्ता डाल दें।

चावल की खीर

सामग्री

दूध	1 लीटर
चावल	100 ग्राम
चीनी	100 ग्राम
किशमिश	20 ग्राम
बादाम	50 ग्राम
केसर	5-6 पत्ती

विधि

चावल को धो कर ½ घण्टे पहले पानी में भिगो दें।

किशमिश और बादाम को भी पानी में अलग से भिगो दें।

थोड़ी देर में बादाम छील कर बारीक काट कर रख लें।

अब दूध को पतीले में डाल कर उबाल लगा लें।

फिर चावल डाल कर गैस कम कर दें। बीच बीच में चलाते रहें।

जब चावल टूट कर दूध में अच्छे से मिक्स हो जाए और दूध का रंग पीला होने लगे तो उसमे चीनी डाल दें।

5 मिनट पकाएँ फिर गैस बन्द कर दें।

किशमिश डाल कर मिक्स कर दें।

ऊपर से बादाम और केसर पत्ती डाल कर थोड़ी देर ढक कर छोड़ दें।

चाहें तो गर्म परोसें। नहीं तो फ्रिज में रख कर ठण्डा कर लें।

सूजी/सेवई की खीर

सामग्री

दूध	1 लीटर
सूजी	40 ग्राम (4 बड़े चम्मच)
चीनी	40 ग्राम
देसी घी	2 चम्मच
किशमिश	10-12
चिरोंजी	10 ग्राम

विधि

किशमिश और चिरोंजी पानी में भिगो दें। फिर कड़ाही में घी गरम कर के उसमे धीरे-धीरे सूजी डाले और चलाते रहें। जब सूजी हल्के भूरे रंग की हो जाये तो उसमे दूध डाल कर 5 मिनट पकाएँ। अब गैस कम कर दें और चीनी किशमिश और चिरोंजी डाल कर 2 मिनट पकाएँ। गैस बन्द कर दें। खीर तैयार है।

इसे गर्म परोसें क्योंकि ठण्डा होने पर यह गाढ़ी और लेई जैसी हो जायेगी। अगर ज्यादा गाढ़ी हो जाये तो थोड़ा-सा गरम दूध डाल सकते हैं।

यह छोटे बच्चों और बीमार या बुजुर्ग लोगों के लिए बहुत फायेदेमन्द होती है। क्योंकि यह हजम करने में आसान होती है साथ ही कुछ देर पेट भरा रहता है।

नोट : सूजी की जगह यदि हम सेवई डाल दें तो यह सेवई की खीर बन जाएगी। बनाने की विधि वही है। परन्तु सेवई क्योंकि मैदा की होती है इसलिये सेवई की खीर थोड़ी भारी होती है।

मेवे की खीर

सामग्री

दूध	1 लीटर
चीनी	100 ग्राम
घी	2 बड़े चमच
चिरोंजी	10-12 ग्राम
मखाने	50 ग्राम
बादाम	50 ग्राम
किशमिश	25 ग्राम
काजू	25 ग्राम
छुआरा	50 ग्राम

विधि

मखाने को छोड़ कर बाकि सभी मेवा को 3 घण्टे पहले पानी में भिगो दें। फिर बादाम निकाल कर छील लें। बादाम, काजू और छुआरे को काट कर रख लें। किशमिश और चिरोंजी को पानी में से निकाल कर रख लें।

कड़ाही में घी गरम कर के मखाने डाल दें और करारे होने तक भून लें।

मखाने ठण्डा होने दें और फिर मिक्सर में डाल कर दरदरा पीस लें।

अब दूध उबाल कर उसमे पिसे हुए मखाने डाल दें। गैस कम कर दें और 20-25 मिनट तक पकाएँ। बीच बीच में चलाते रहें।

जब खीर गाढ़ी हो जाए तो उसमे बाकी सारी मेवा डाल दें और 3-4 मिनट तक पकाएँ। अब चीनी डाल दें और 5-6 मिनट तक पका कर गैस बन्द कर दें। खीर तैयार है। इसे गर्म या ठण्डी कैसे भी परोस सकते हैं।

यह खीर व्रत और तीज-त्यौहार पर बनाई जाती है। मेवा होने के कारण यह शाही पकवान कहलाती है परन्तु हजम करने में थोड़ी भारी होती है।

फ्रूट क्रीम

सामग्री

दूध की क्रीम	½ लीटर
वनिला आइसक्रीम	200 मिलीलीटर
चीनी	50-60 ग्राम (पीसी हुई)
केले	2
सेब	1 बड़ा
अनार या अंगूर	मौसम के अनुरूप

विधि

क्रीम को 2 घण्टे फ्रिज में रख कर ठण्डा और गाढ़ा कर लें। फिर क्रीम को एक बड़े बाउल में डाल कर उसमें आइसक्रीम मिला दें। फिर उसमे चीनी पाउडर मिक्स कर दें और 5-6 मिनट तक चम्मच से चलाते रहें। अब इसे फ्रिज में रख दें।

एक अलग बाउल में केले को गोल गोल बारीक काट लें। सेब को छील कर 8 फाँक कर लें। बीज निकाल कर बारीक काट लें। अनार को भी छील कर दाने निकाल लें। अगर अंगूर मीठा हो तो थोड़े-से अंगूर लें। मौसम के हिसाब से आम/सन्तरा/चेरी इत्यादि का प्रयोग भी किया जा सकता है। परन्तु याद रखिये खट्टा फल न डालें और बहुत ज्यादा फल भी नहीं डालने हैं। इन्हें अलग से फ्रिज में रख दीजिये। परोसने से पहले फलों को क्रीम में मिक्स कर दें और ठण्डी ठण्डी परोसें।

स्वादानुसार चीनी की मात्रा कम या ज्यादा की जा सकती है।

केसरी मीठे चावल

सामग्री

चावल	1 कटोरी
चीनी	1 कटोरी
देसी घी	2 बड़े चम्मच
दूध	1 कटोरी
सूखे मेवा मिक्स	7-8 चम्मच
गुलाब जल	½ छोटा चम्मच
छोटी इलाइची	5
बड़ी इलाइची	2
लौंग	8-10
केसर	7-8 पत्ती

विधि

सबसे पहले चावल को 1 घण्टे पहले पानी में भिगो दें। अब एक कटोरी दूध में केसर डाल कर रख दें। एक अलग कटोरी में गुलाब जल और चीनी और थोड़ा-सा पानी मिला कर रख दें। अब एक पैन में 4 कप पानी गर्म कर लें। गैस से उतार कर इसमें चावल भिगो दें। ½ चम्मच देसी घी भी डाल दें। दूसरे बड़े पैन में बाकी घी डाल कर मेवा को उसमें भूनें। जब मेवा का रंग हल्का भूरा हो जाए तो दूध का मिश्रण डाल दें। दूध में उबाल आने पर उसमे चावल छोड़ दें। साथ ही इसमें छोटी इलाइची, बड़ी इलाइची और लौंग इत्यादि भी डाल दें। इसे लगभग 20 मिनट तक कम गैस पर पकने दें। फिर इसमें चीनी का मिश्रण मिला दें। जब पानी सूख जाये तो गैस बन्द कर दें। केसरी मीठे चावल तैयार हैं।

नोट : कुछ लोग चीनी और केसर की जगह गुड़ का प्रयोग भी करते हैं। उसे गुड़ के चावल बोलते हैं। विधि ये ही रहती है। गुड़ डालने से रंग, सुगन्ध और स्वाद थोड़ा बदल जाता है।

संजीवनी के मीठे गोले

सामग्री

संजीवनी आटा	1 कप
गोलाकार गुड़	½ कप
ताज़ा नारियल	½
घी	1 कप
पिसी हुई छोटी इलाइची	½ छोटा चम्मच

विधि

संजीवनी का आटा एक कटोरे में रखें।

गुड़ को बारीक पीस कर कटोरे में डालें।

नारियल को बारीक काट लें।

कड़ाही में घी गरम करें और नारियल को सुनहरा भूरा होने तक तलें।

फिर इसे आटे में डालकर मिला लें।

फिर डालें इलाइची और मिला लें।

थोड़ा-थोड़ा पानी डालकर लोई तैयार करे लें।

फिर लोई के छोटे छोटे भाग, हाथों-से या मोल्ड में, बना लें और चिकनी छन्नी में रख दें।

फिर उबलते पानी के पतीले पर छन्नी को रखें और मीठे गोलों को 8-10 मिनट तक भाप में पकाएँ।

परोसें।

सेब व अंगूर का हलवा

सामग्री

सेब का रस	दो कप
अंगूर का रस	दो कप
चीनी	दो कप
नमक	एक चुटकी
कॉर्न फ्लोर	छह चम्मच
काजू, बादाम व किशमिश	आधा कप
देशी घी	एक चम्मच

विधि

सेव व अंगूर का रस निकालने के लिए एक-एक करके दोनों फलों को जूसर में चलाकर उनका रस निकाल लें। अब दोनों रसों को अलग-अलग छानकर इन्हें मिला लें। अब एक कप में आधा कप के करीब मिक्स जूस लेकर इसमें धीरे-धीरे कॉर्नफ्लोर डालें और चलाएँ। चलाते समय ध्यान रखें कि उसमें गाँठें न पड़ें। अब एक भारी तली वाली कड़ाही लेकर उसमें घी डालें और काजू बादाम और किशमिश हल्का भून लें। इसे आँच से हटाकर ठण्डा होने के लिए एक तरफ एक प्लेट में रखें। अब बचा हुआ जूस और चीनी इस कड़ाही में डालकर उसे तब तक पकाएँ, जब तक ये थोड़ा कम न हो जाए। इसमें कॉर्नफ्फ्लोर का घोल और नमक डालकर लगातार तब तक चलाएँ, जब तक यह हलवे या पुडिंग की तरह गाढ़ा न हो जाए। इस मिश्रण को एक प्लेट पर फैला दें।

ठण्डा होने पर इसे बर्फी या चौकोर या मनचाहे आकार में काट लें।

इस पर भुने हुए मेवे डालकर आप गर्मागर्म भी पेशकर सकते हैं या कटे हुए हिस्सों को सर्विंग कप में रखकर उनके ऊपर क्रीम या मेवों से सजाकर इसे ठण्डा होने के लिए दो से तीन घण्टे फ्रिज में भी रख सकते हैं।

उड़द दाल का लड्डू

यह एक ऐसी रेसिपी है जो कैल्शियम का एक बेहतरीन स्रोत है, इसलिए बच्चों और बड़ों दोनों के लिए ही यह बेहद फायेदेमन्द है। वह है उड़द दाल का लड्डू। इसे रोजाना एक चम्मच लिया जा सकता है। तमिलनाडु में सहज प्रसव के लिए पारम्परिक तौर पर गर्भवती महिला को गर्भावस्था के आखिरी महीने में यह पुडिंग दिया जाता है। तो आप भी आजमाइए यह स्वादिष्ट लड्डू :

सामग्री

कली पाउडर के लिए

चावल	आधा किलो
उड़द दाल	आधा किलो
साबुत मेथी दाना	50 ग्राम
सूखी अदरक या सोंठ	50 ग्राम

सूखी उड़द दाल, मेथी दाना व सोंठ को हल्का-सा भूनें। अब इन सारी चीज़ों को चावल में मिलाकर इनका दरदरा पाउडर पीस लें।

लड्डू के लिए

कली पाउडर	एक कप
	(बनाने की विधि ऊपर दी गयी है)
खजूर का गुड़	एक कप
पानी	तीन कप
तिल का तेल	एक कप

विधि

एक पतीले में खजूर के गुड़ व पानी को डाल कर हल्की आँच पर रखकर उबाल आने दें। जब गुड़ पूरी तरह पिघल जाए तो इस मिश्रण या चाशनी को छान लें। छनी हुई चाशनी को दोबारा आँच पर रखकर उबाल आने दें।

अब एक कप कली पाउडर में चार चम्मच तिल का तेल मिलायें। धीरे-धीरे कली पाउडर व तेल के मिश्रण को उबलती हुई चाशनी में डालें ओर इसे तब तक तक चलाएँ, जब तक कि पाउडर का मिश्रण पूरी तरह से मिल न जाए और उसमें गाँठ न रहे।

अब आँच को बिल्कुल धीमी कर पतीले या कड़ाही को किसी ढक्कन से ढक कर अगले 30 मिनट तक इस लप्सी को पकाएँ। ध्यान रखें कि जब तक यह पक न जाए, इसको खोलें नहीं। पकने के बाद जब आप ढक्कन हटाएँगे तो देखेंगे कि गुड़ की चाशनी बिल्कुल ऊपर तैर रही है। अब इस चाशनी को निथार कर एक तरफ रख लें।

इस लप्सी को किसी चम्मच से इतना चलाएँ कि यह भुरभुरा हो जाए। अब इस लप्सी को फिर से आँच पर चढ़ाकर इसमें छनी हुई चाशनी डाल दें। फिर बचा हुआ तिल का तेल भी डाल दें। अब इस लप्सी को चलाते हुए तब तक पकाएँ, जब तक कि यह आपकी उँगली पर चिपकना न छोड़ दे।

फिर इसे आँच से उतार कर एक तरफ रख दें और ठण्डा होने दें। अब इस लप्सी के नीम्बू जैसे गोले बना लें या फिर मुट्ठी की आकार वाले मोदक बना लें। इन्हें परोसें।

स्वादिष्ट टिप: आप चाहें तो एक चम्मच देसी घी में काजू व किशमिश को सेंक कर इसमें मिला सकते हैं। इसके अलावा, स्वाद व खुशबू बढ़ाने के लिए एक चुटकी पिसी हुई हरी इलाइची का पाउडर भी डाल सकते हैं।

नोट: इस लड्डू को खाने के बाद एक गिलास गर्म पानी पिएँ, जिससे इसे पचाने में आसानी होगी।

अगर आप इस लड्डू को ज्यादा देर तक रखना चाहती हैं तो इसे रखने से पहले इस पर अच्छी तरह से तिल का तेल लगा दें। उसके बाद आप इसे तीन महीने तक रख सकते हैं।

जूस, सूप और सलाद

अध्ययनों से पता चला है कि खाली पेट मनुष्य का दिमाग सबसे अच्छे तरीके से काम करता है। शोधकर्ताओं ने पाया कि खाली पेट एक हारमोन ग्रेलिन (ghrelin) का उत्पादन करता है जो मस्तिष्क तक यह सन्देश पहुँचाता है कि पेट भूखा है। दिलचस्प बात यह है कि यह हारमोन इसके साथ दूसरे काम भी करता है। ग्रेलिन शरीर में हिप्पोकैंपस के काम को बेहतर बनाते हुए हमें सजग, सक्रिय और एकाग्र रखता है। हिप्पोकैंपस मस्तिष्क का वह हिस्सा है जो सीखने की प्रक्रिया, स्मरणशक्ति और स्थानिक विश्लेषण से जुड़ा है।

सुबह-सुबह पेठा (विण्टर मेलन) का जूस पीने से काफी ताकत मिलती है और साथ ही वह मस्तिष्क को बहुत शान्त रखता है। इसका रोजाना सेवन बौद्धिक क्षमता को काफी बढ़ाता है। लेकिन दमा के मरीजों और जिन्हें जल्दी सर्दी-जुकाम हो जाता है, उन्हें जूस में थोड़ा शहद या काली मिर्च मिला लेना चाहिए। यह पेठा की शीतलकारी तासीर को काफी हद तक कम कर देता है।

जूस और शेक

खजूर और सेब डिलाइट

सामग्री

बीज रहित खजूर	8-10
सेब	2
नारियल दूध	2 कप
बर्फ	आवश्यकतानुसार

विधि

परोसने से ज़रा पहले, खजूर को काट लें। सेब को छीलकर, मोटा मोटा कद्दूकस कर लें। मिक्सर के जार में डालें और पीस लें। फिर डालें नारियल दूध और कुटी हुई बर्फ और पीस लें। तुरन्त परोसें, रखने पर यह पेय खट्टा हो सकता है।

अंगूर और मिक्स्ड फ्रूट का रस

सामग्री

बीज रहित काले अंगूर	500 ग्राम
काजू	8-10
ताज़ा अनन्नास	2 टुकड़े
सेब	2
चीनी	स्वादानुसार

विधि

अंगूर का रस निकाल लें। काजू को तोड़ें और थोड़े पानी के साथ पीस लें। अनन्नास और सेब को बारीक टुकड़ों में काट लें। पिसे हुए काजू को अंगूर के रस में मिला दें। ग्लास में डालें और स्वादानुसार चीनी मिला लें। ऊपर सजायें कटा हआ अनन्नास और सेब, और परोसें।

नीम्बू और पुदीने का रस

सामग्री

नीम्बू	2
ताज़े पुदीने के पत्ते	14-16
नमक अथवा शक्कर स्वादानुसार	

विधि

नीम्बू का रस निचोड़ लें। पुदीने के पत्तों को काट लें। फिर इन्हें मिक्सर के जार में 4 कप पानी और नमक (या शक्कर) के साथ पीस लें। फिर रस को छान लें। ग्लास में डालें और परोसें।

मैंगो लस्सी

सामग्री

कच्चा आम	1
दही	2 कप
जीरा	1½ छोटा चम्मच
काला नमक	1 छोटा चम्मच
चीनी	2 छोटे चम्मच

नमक	स्वादानुसार
ताज़े पुदीने के पत्ते	6-8

विधि

आम को एक पतीले में रख कर पानी से ढक दें। धीमी आँच पर पकायें। ठण्डा करें और छिलके हटा दें। फिर पके हुए आम को मिक्सर के जार में डालें। दही डालें। जीरा, काला नमक, चीनी और नमक डालें। पीस लें। ग्लास में डालें और पुदीने से सजाकर परोसें।

अनन्नास और सेब का रस

सामग्री

ताज़ा अनन्नास	1
सेब	2
शहद स्वादानुसार	

विधि

अनन्नास को बारीक काट लें। सेब को छीलकर बारीक काट लें। दोनों को मिक्सर के जार में डालें और 2 कप पानी अथवा एक कप कुटी हुई बर्फ डालें। शहद भी डालें। पीस लें। फिर छान कर रस को ग्लास में डालें और परोसें।

पाँच फलों का पंच

सामग्री

ताज़े अनार के दाने	½ कप
तरबूज़	2 टुकड़े (4 इन्च के)
सन्तरे	2

सेब	1
ताज़ा अनन्नास	2 टुकड़े (1-इन्च मोटे)
गाजर	1 मध्यम आकार
शहद	स्वादानुसार

विधि

तरबूज़ के बीज निकाल लें और छोटे छोटे टुकड़ों में काटें। सन्तरों को छीलें, सफेद रेशे निकाल लें, फिर फलियों को छीलकर बीज निकाल लें। सेब को छीलें और मोटा-मोटा कद्दूकस करें। अनन्नास को बारीक काट लें। अदरक छीलें और कद्दूकस करें। गाजर को हल्का छीलकर कद्दूकस करें। सभी फल, अदरक और गाजर के साथ मिक्सर के जार में डालें और पीस लें। फिर छान लें। स्वादानुसार शहद डालें और मिलायें। ग्लास में डालें और परोसें। आप चाहें तो शहद न डालें और इस पंच में नमक, कालीमिर्च और ताज़ा पुदीना डालें।

जामुन लस्सी

सामग्री

पके हुए जामुन	18-20
दही	4 कप
चीनी	स्वादानुसार
नमक	¼ छोटा चम्मच

विधि

जामुन को काटें और बीज निकाल लें। मिक्सर के जार में डालें और ऊपर से डालें दही। फिर नमक डालें और पीस लें। ग्लास में डालें और स्वादानुसार चीनी डालें। ठण्डा करें और परोसें।

नोट: डायबिटिक/मधुमेह के मरीज़ों के लिए चीनी न डालकर, थोड़ी-सी लाल मिर्च का उपयोग करें।

गाजर और अनार का रस

सामग्री

गाजर	6 मध्यम आकार
ताज़े अनार के दाने	1½ कप
बर्फ	5-6 टुकड़े
शहद	स्वादानुसार

विधि

गाजर को हल्का छील लें और फिर मोटा-मोटा कद्दूकस कर लें। मिक्सर के जार में डालें और साथ में डालें अनार के दाने। फिर डालें 2 कप पानी और कुटी हुई बर्फ। पीस लें फिर छान लें। रस में स्वादानुसार शहद डालें। ग्लास में डालें और परोसें।

पिना कोलाडा

सामग्री

अनन्नास का रस	2 कप
मौसम्बी का रस	1 कप
नारियल दूध	1 कप
चीनी स्वादानुसार	

विधि

दोनों रस और नारियल दूध मिक्सर के जार में डालें। फिर डालें चीनी और पीस लें। बर्फ डालें और झाग बनने तक पीसें। तुरन्त परोसें। यह पेय रखने पर खट्टा हो सकता है।

ताज़े नारियल और अनार का रस

सामग्री

ताज़े नारियल, पानी और मलाई समेत	2
ताज़े अनार के दाने	1 कप
शक्कर या चीनी स्वादानुसार	

विधि

नारियल पानी, नारियल की मलाई, अनार और चीनी को मिक्सर के जार में डालकर पीस लें। ग्लास में डालें और परोसें।

तरबूज़ का रस दो तरीकों से

1 सामग्री

तरबूज़	½
अदरक	1½ इन्च
ताज़े पुदीने के पत्ते	¼ कप
नमक	स्वादानुसार
पिसी हुई कालीमिर्च	स्वादानुसार
चीनी	6 बड़े चम्मच

विधि

तरबूज़ को छील लें और बीज निकाल लें। फिर इसे काट कर मिक्सर के जार में डालें। अदरक को छीलें, कूटें और जार में डालें। इसमें डालें पुदीना, नमक, पिसी हुई कालीमिर्च और चीनी। फिर छान लें। ग्लास में रस डालें और परोसें। आप चाहें तो कालीमिर्च न डालकर जलजीरा पाउडर का उपयोग कर सकते हैं।

2 सामग्री

तरबूज़	2 मोटे टुकड़े
पका हुआ पपीता	½
स्ट्राबेरी	4-6
शहद	स्वादानुसार

विधि

तरबूज़ और पपीते को छील लें और बीज निकाल लें। फिर दोनों को छोटे टुकड़ों में काट लें। मिक्सर के जार में डालें। स्ट्राबेरी भी काट कर डालें। पीस लें। आधा कप कुटी हुई बर्फ डालें और पीस लें। ग्लास में डालें और स्वादानुसार शहद डालकर मिला लें। तुरन्त परोसें।

अनार और अमरूद का रस

सामग्री

ताज़े अनार के दाने	3 कप
पके हुए अमरूद	2
नन्नारी सुरबह अर्क	कुछ बूँदें

विधि

अमरूद को आधा करें और बीज निकाल लें। फिर अमरूद को काट लें और अनार के दानों के साथ मिक्सर के जार में डालें। साथ में डालें 2 कप पानी और

पीस लें। नन्नारी सुरबह के अर्क की कुछ बूँदें इसमें डालें। फिर से पीस लें। छान लें और रस को ग्लास में डालकर परोसें।

फल और मेवे का शेक

सामग्री

कच्ची मूँगफली	½ कप
केले या सेब	2
बीज रहित खजूर	8

विधि

मूँगफली को 2-3 कप पानी में कम से कम 6 घण्टों के लिए भिगोएँ। फिर निथार दें। केलों को छीलें और छोटे-छोटे टुकड़ों में काटें। अगर सेब का उपयोग कर रहें हैं तो पहले छीलें और फिर छोटे-छोटे टुकड़ों में काटें। खजूर को भी बारीक काट लें। मूँगफली, फल और खजूर मिक्सर के जार में डालें और साथ में डालें 4 कप पानी। पीस लें। अगर आपको पतला शेक बनाना है तो थोड़ा-सा पानी और डालें। पीस लें और परोसें।

आम और चीकू का रस

सामग्री

पके हुए आम	2
चीकू	5
नन्नारी सुरबह अर्क	कुछ बूँदें

विधि

आम और चीकू को छील लें। इन्हें काटें और एक कटोरे में रखें। फिर डालें कुछ बूँदें नन्नारी सुरबह के अर्क की। अच्छी तरह से मिला लें। इन सभी को मिक्सर के जार में डालें। फिर डालें 4 कप पानी और पीस लें। ग्लास में डालें और परोसें।

टमाटर की ठण्डाई

सामग्री

बड़े टमाटर	8
अदरक	1½ इन्च
ताज़े पुदीने के पत्ते	¼ कप
चीनी	स्वादानुसार
इलाइची पाउडर	½ छोटा चम्मच

विधि

टमाटर को मोटा-मोटा काट लें। अदरक को छील कर कूट लें। फिर इन्हें पुदीने के साथ मिक्सर के जार में डालें। अच्छी तरह पीस लें। छान लें और रस को ग्लास में डालें। इस में डालें चीनी, इलाइची पाउडर और थोड़ी-सी कुटी हुई बर्फ। मिला लें और तुरन्त परोसें।

ठण्डाई

ठण्डाई गर्मियों के दिनों में बहुत ही स्वादिष्ट, ताजगी और ऊर्जा देने वाला पेय है। अगर आप एक गिलास ठण्डाई (दूध ठण्डाई) रोज सुबह पीते हैं, तो धूप में लगने वाली लू और नकसीर (नाक से खून आने) जैसी तकलीफों से भी बचे रहेंगे।

बाजार से भी तैयार ठण्डाई खरीदी जा सकती है, लेकिन घर में बनी हुई ठण्डाई आपको बिना मिलावट और प्रिसरवेटिव्स के मिलेगी, जो अवश्य ही आपके स्वास्थ्य के लिए फायदेमन्द होगी। तो आइये आज हम ठण्डाई बनायें।

तैयारी करने का समय	दो घण्टे
कुकिंग समय	20 मिनट
कुल समय	ढाई घण्टे
कुल मात्रा	4 गिलास

सामग्री

बादाम	एक तिहाई कप
काजू	दो चम्मच
खसखस	एक चम्मच
मगज	2 चम्मच
काली मिर्च	तीन चौथाई चम्मच
सौंफ	आधा चम्मच
हरी इलाइची	5
जायफल	ताजा घिसा हुआ, चौथाई चम्मच
चीनी या गुड़	12 चम्मच
दूध	डेढ़ किलो
पानी	तीन चौथाई कप
खाने वाला गुलाब जल/ गुलाब का सत/ गुलाब फूल की सूखी पंखुड़ियां	आधा चम्मच
केसर	कुछ रेशे
पिस्ता	कटे हुए, एक मुट्ठी

बनाने की विधि

सबसे पहले खसखस को साफ पानी से तीन से चार बार धो लें, ताकि उसमें मौजूद धूल और मिट्टी निकल जाए।

अब बादाम, मगज और खसखस को दो घण्टे भिगो लें। फिर बादाम को छील लें। मगज और खसखस का पानी निकाल कर निथार लें।

दूध को उबाल लें और इसमें चीनी या गुड़ डालकर मिलाएँ। चीनी घुलने के बाद गैस को बन्द कर दूध को ठण्डा होने दें।

अब छिले हुए बादाम, खसखस, काजू, सौंफ, काली मिर्च, हरी इलाइची के दाने व जायफल को मिक्सी में पीस कर पेस्ट बना लें। इसमें चौथाई कप पानी डालकर दोबारा से बारीक महीन पेस्ट के तौर पर पीसें। अब इस पिसे हुए पेस्ट को दूध में डालकर अच्छी तरह से चलाएँ। इस पर ढक्कन रखकर इसे 15 मिनट तक पकाएँ। अब इस मिश्रण को छन्नी से छान लें। छन्नी में निकले मेवे के मोटे हिस्सों को दोबारा मिक्सी में डालकर बचे हुए आधा कप पानी के साथ फिर से पीसें। अब इस मिश्रण को फिर से दूध में डाल दें। इसमें केसर, गुलाबजल या पंखुड़ियाँ डालकर फिर से चलाएँ।

इसे कम से कम तीन घण्टे के लिए फ्रिज में ठण्डा होने के लिए रखें। आपकी ठण्डाई तैयार है। अब इस ठण्डाई को गिलास में डालकर ऊपर से कटे हुए पिस्ते, चाँदी के वर्क से सजे बादाम के टुकड़े व कुछ केसर के रेशे से सजायें।

ठण्डा ठण्डा पेश करें।

आम पन्ना

सामग्री

कच्छा आम	2
चीनी/गुड़	2 चम्मच

नमक, भुना जीरा पिसा हुआ, कालानमक, गरममसाला - स्वादानुसार

विधि

कच्चे आम को धो कर छील लें। प्रेशर कुकर में दो गिलास पानी के साथ डाल कर 1-2 सिटी लगा कर गैस बन्द कर दें।

ठण्डा होने पर कुकर खोले और आम को अच्छे से मस्ल कर सारा गूदा पानी में निकाल लें। अगर ज्यादा गाढ़ा लगे तो पानी और मिला लें।

अब चीनी/गुड़ और सारे मसाले मिला कर मिक्सर में 2 मिनट चला लें।

चाहें तो थोड़ी-सी कुटी बर्फ भी डाल दें। गिलास में डाल कर एक पत्ता पोदीना ऊपर रख कर परोसें।

गर्मी कम करता है और पेट साफ़ रखता है। शुगर के मरीज चीनी/गुड़ न डालें। चाहें तो थोड़ी-सी लालमिर्च का पाउडर डाल लें।

केले का शेक

सामग्री

पके कले	2
पिसी चीनी	2 चम्मच
वनिला आइसक्रीम	1 स्कूप
दूध	2 कप

विधि

केलों को छील कर 3-4 टुकड़ों में काटकर मिक्सर में डालें। 2 मिनट चलाएँ। फिर चीनी और दूध डाल कर 2 मिनट और चलाएँ। अब आइसक्रीम और पिसी हुई बर्फ मिलाएँ और 1 मिनट चलाएँ। ठण्डा शेक परोंसे। यह बहुत पोष्टिक होता है।

आम का शेक

सामग्री

पका हुआ आम का गूदा	1 कप
पिसी चीनी	2 चम्मच
दूध	1 कप
कुटी हुई बर्फ	थोड़ी-सी

विधि

पहले आम के गूदे को मिक्सर में 2 मिनट चलाएँ। फिर चीनी और दूध डाल कर 2-3 मिनट चलाएँ। यदि आम थोड़ा खट्टा हो तो 1 स्कूप मैंगो आइसक्रीम का डाल दें। आम का स्वाद निखर के आयेगा। आइसक्रीम न हो तो थोड़ा-सा मैंगो जूस डाल दें। अब कुटी हुई बर्फ डाल कर मिक्सर में चला कर परोस दें।

नीम्बू की शिकंवी

सामग्री

नीम्बू का रस	1 नीम्बू का
पिसी चीनी	1 चम्मच
नमक और चाट मसाला	¼ चम्मच
पिसी बर्फ	थोड़ी-सी
सोडा वाटर	½ गिलास

विधि

गिलास में नीम्बू का रस, नमक, चाटमसाला और चीनी डाल दें। ऊपर से आधा गिलास पानी डाल कर मिला दें। जब चीनी मिल जाये तो बर्फ और सोडा वाटर डाल दें। ऊपर 1-2 पत्ती पोदीने की रख कर परोसें।

सेहत और स्वाद से भरपूर सूप

पालक का सूप

सामग्री

ताज़ी पालक	250 gm
लाल मिर्ची	1
हल्दी पाउडर	¼ छोटा चम्मच
जीरा	½ छोटा चम्मच
दाल का पानी	2 कप
नमक	स्वादानुसार
कालीमिर्च पाउडर	स्वादानुसार

विधि

पालक के पत्तों को धोकर काट लें। लाल मिर्ची काट लें। दोनों को एक पतीले में हल्दी पाउडर और जीरे के साथ रखें और ऊपर से इन्हें ढकने जितना ही पानी डालें। उबाल आने दें और धीमी आँच पर पालक को पकने दें। कड़छी से दबा कर मसल लें। दाल का पानी डालें और 5-6 मिनट तक उबालें। परोसने से पहले नमक और काली मिर्च पाउडर स्वादानुसार डालकर मिला लें।

चुकन्दर सूप

सामग्री

धुली मूँग दाल	½ कप
चुकन्दर	125 ग्राम

गाजर	125 ग्राम
बन्दगोभी	125 ग्राम
लाल मिर्च	1
नमक	स्वादानुसार
पिसी हुई काली मिर्च	स्वादानुसार
ताज़ा हरा धनिया	2-3 टहनियाँ

विधि

दाल को धोकर 1 कप पानी में 15-20 मिनट के लिए भिगो दें। चुकन्दर को छील कर बारीक काट लें। गाजर का पतला छिलका निकालें और बारीक काट लें। बन्दगोभी और लाल मिर्च को काट लें। चुकन्दर, गाजर, बन्दगोभी, लाल मिर्च और दाल को निथार कर प्रेशर कुकर में डालें। फिर थोड़ा पानी डालें ताकि सब सब्ज़ियाँ भींग जायें। कुकर का ढक्कन लगाएँ और एक सीटी आने तक पकाएँ। आँच से हटा दें और ठण्डा करें। ठण्डा होने पर ढक्कन खोलें और सामग्री को पतीले में डालें। थोड़ा पानी डाल कर पतला करें। आँच पर रखें। उबाल आने पर स्वादानुसार नमक और कालीमिर्च डालें। हरे धनिये से सजाकर गरमागरम परोसें।

फूलगोभी का सूप

सामग्री

फूलगोभी	125 ग्राम
टमाटर	125 ग्राम
बन्दगोभी	125 ग्राम
मक्खन	2 छोटे चम्मच
मटर	125 ग्राम
नमक	स्वादानुसार
पिसी हुई काली मिर्च	स्वादानुसार

विधि

फूलगोभी, टमाटर और बन्दगोभी को काट लें। प्रेशर कुकर में मक्खन को गरम करें और इसमें डालें फूलगोभी, टमाटर, बन्दगोभी और मटर। एक से दो मिनट तक भूनें। फिर थोड़ा पानी डालें ताकि सब सब्ज़ियाँ भींग जायें। कुकर का ढक्कन लगाएँ और एक सीटी आने तक पकाएँ। आँच से हटा दें और ठण्डा करें। ठण्डा होने पर ढक्कन खोलें और सामग्री को पतीले में डालकर ठण्डा होने दें। फिर मिक्सर के जार में डालकर पीस लें। इसे पिसे हुए मिश्रण को पतीले में डालें और पानी डालकर पतला करें। आँच पर रखें और स्वादानुसार नमक और कालीमिर्च डालकर मिला लें। गरमागरम परोसें।

नोट: यह सूप बनाने में आसान है और पौष्टिक भी है। जिन्हें वसा रहित खुराक चाहिए वह इसका सेवन कर सकते हैं।

मकई का सूप

सामग्री

भुट्टा	1
टमाटर	1 छोटा
मक्खन	½ छोटा चम्मच
कोर्नफ्लोर	2 छोटे चम्मच
दूध	5-6 बड़े चम्मच
नमक	स्वादानुसार
पिसी हुई काली मिर्च	स्वादानुसार

विधि

भुट्टे को उबालें और पानी को अलग रखें। टमाटर को बारीक काट लें। भुट्टे को ठण्डा करें और फिर मकई के दाने निकालें। पतीले में मक्खन गरम करें। इसमें मकई के दाने और टमाटर ½ मिनट तक साथ में भूनें। चार कप पानी डालें।

(आप चाहें तो जिस पानी में भुट्टे को उबाला था उसे डाल सकते हैं।) दूध में कोर्नफ्लोर को घोल लें और उबलते हुए सूप में डालें। अच्छी तरह से मिला लें ताकि कोई गुठली न रहे। धीमी आँच पर 10 मिनट तक चम्मच चलाते हुए पकाएँ। स्वादानुसार नमक और काली मिर्च डालकर मिला लें और परोसें।

सहजन फली का सूप

सामग्री

सहजन की फली	2
सहजन के फूल	1 मुट्ठी भर
सहजन के पत्ते	1 मुट्ठी भर
टमाटर	1 छोटा
मक्खन	1 छोटा चम्मच
जीरा	½ छोटा चम्मच
दाल का पानी	1 कप
नमक	स्वादानुसार
पिसी हुई काली मिर्च	स्वादानुसार

विधि

फलियों को उँगली की लम्बाई के टुकड़ों में काट लें। पतीले में 2 कप पानी से साथ नरम हो जाने तक उबालें। ठण्डा करें और अन्दर का गूदा निकाल कर बाहर के हिस्से को फेंक दें। टमाटर को काट लें। पतीले में मक्खन गरम करें और जीरा डालें। जैसे ही फूटने लगे सहजन के फूल, सहजन के पत्ते और टमाटर डालें। दाल का पानी डालें और उबाल आने दें। मिश्रण के समरूप होने तक लगातार चम्मच चलाते हुए पकाएँ। फिर डालें सहजन का गूदा और अच्छी तरह मिला लें। स्वादानुसार नमक और कालीमिर्च डालें और मिला लें।

नोट: सहजन की फली बहुत पौष्टिक है। नियमित खाने से हड्डियों का बल बढ़ाती है।

टमाटर का सूप

सामग्री

टमाटर लाल गूदे वाले	1 किलो
देसी घी	4 चम्मच
मक्खन	2 चम्मच
जीरा	10 ग्राम
दूध की क्रीम	20 मिली लीटर
हरा धनिया	4-5 डण्डी
टमाटर सॉस	4 चम्मच
चिली टमाटर सॉस	2 चम्मच
टमाटर सूप पाउडर	1 चम्मच
नमक, और कालीमिर्च पाउडर	स्वादानुसार

विधि

टमाटर को 5-6 कप पानी के साथ कुकर में डालकर एक सीटी लगा कर अलग रख दें। जब गैस निकल जाये तो ढक्कन हटा कर ठण्डा होने दें। जब टमाटर पूरी तरह ठण्डे हो जायें तो पानी समेत मिक्सर में डाल कर 2 मिनट तक चलाएँ। अब सूप छानने की छन्नी में छान लें जिससे टमाटर का छिलका और बीज निकल जाये। अगर आवश्कता हो तो एक कड़छी से टमाटर दबा लें जिससे गूदा और रस पूरी तरह अलग हो जाये। अब एक पतीले में घी डाल कर गरम करें। उसमे जीरा डाल कर चटकाएँ और टमाटर का जूस डाल दें। एक उबल आने दें। अब एक कटोरी में एक बड़ा चम्मच टमाटर सूप पाउडर (किसी भी अच्छी कम्पनी का) लें और उसमे थोड़ा-सा गरम टमाटर सूप मिला कर मिक्स कर लें। उस पेस्ट को बाकि सूप में मिला दें। अब उसमें 2-3 कप पानी और मिला दें। 2 मिनट उबलने दें। फिर उसमे टमाटर सॉस और चिली सॉस दोनों मिला दें। थोड़ा-सा नमक और काली मिर्च पाउडर मिला लें। मक्खन डाल कर हिलाएँ। जब मक्खन

पिघल जाए तो गैस बन्द कर दें। हरा धनिया की पत्ती डाल कर ढंक दें। परोसते समय हर कप में थोड़ी-सी क्रीम डालें।

नोट: कुछ लोग टमाटर सूप में ब्रेड के टुकड़े पसन्द करते हैं। यदि डालने हों तो ब्रेड के छोटे टुकड़े काट कर देसी घी में तल कर रख लें। परोसते समय पहले ब्रेड के टुकड़े डालें फिर सूप डालें।

अनन्नास का रसम

सामग्री

ताज़ा अनन्नास	½ मध्यम आकार का
दाल का पानी	½ कप
तिल का तेल	2 बड़े चम्मच
राई	½ छोटा चम्मच
धुली उड़द दाल	½ छोटा चम्मच
लाल मिर्च	2
कड़ी पत्ते	10-12
जीरा	1½ छोटे चम्मच
नमक	स्वादानुसार
टमाटर	2 मध्यम आकार के
अदरक	¼ इंच का टुकड़ा
इमली	1 नीम्बू जितना गोला
कालीमिर्च के दाने	10-12
सूखा साबुत धनिया	1 बड़ा चम्मच
ताज़ा हरा धनिया	6-8 टहनियाँ

विधि

अनन्नास के दो भाग करें, अन्दर का सख़्त हिस्सा निकालें और फिर बारीक काट लें। कटे हुए अनन्नास की आधी मात्रा मिक्सर के जार में रखें। फिर डालें दाल का पानी। सब कुछ बारीक पीस लें। कड़ाही में तेल गरम करें। राई डालें और जैसे ही फूटने लगे, दाल, लाल मिर्च, कड़ी पत्ते और 1 छोटा चम्मच जीरा डालें। टमाटर को काट कर डालें। अदरक को छीलें, काटें और डालें। फिर 2-3 मिनट भूनें। इस दौरान, इमली को थोड़े से पानी में भिगोकर निचोड़ें और रस निकालें और डालें। उबाल आने दें। फिर आँच धीमी करें और कच्ची महक निकल जाने तक पकाएँ। इस में पिसा हुआ अनन्नास डालें और कुछ मिनट पकाएँ। इस दौरान, कालीमिर्च, बाकी बचा जीरा और धनिये को अच्छी महक आने तक सेंक लें। ठण्डा करें और बारीक पीस लें। इसे बाकी बचे अनन्नास के साथ रसम में डालकर कुछ सेकेण्ड तक पकाएँ। हरा धनिया काटकर डालें और मिला लें। परोसें।

दाल का सूप

सामग्री

मूँग की डाल धुली हुई	1 कटोरी
नमक, हल्दी, गरम मसाला	स्वादानुसार
नीम्बू और ताजा हरा धनिया	आवश्कतानुसार

विधि

दाल को साफ पानी में धो कर 1 घण्टे पानी में भिगो दें। फिर प्रेशर कुकर में 2 गिलास पानी, नमक हल्दी और दाल डाल कर 2 सीटी लगाएँ। ठण्डा हो जाने पर कुकर खोलें और दाल को अच्छे से एक कड़छी से मसल लें। अब एक अलग बर्तन में इसको कपड़ाछान कर लें और कपड़े को निचोड़े लें जिससे अधिकतर दाल छनकर सूप में चली जाये। इसमें चाहें तो ½ चम्मच देसी घी डाल लें।

थोड़ा-सा नीम्बू निचोड़ लें और 4-5 पत्ती हरा धनिया धो कर काट लें। सूप तैयार है।

जिन लोगों को हाजमे की प्रॉब्लम हो या जिन मरीजों को कई दिनों के बाद खाना दिया जा रहा हो, उनको सबसे पहले दाल का सूप देना चाहिए। यह बहुत हल्का होता है पर प्रोटीन की मात्रा अधिक होती है।

मिलीजुली सब्जियों का सूप

सामग्री

पत्ता गोभी	½ फूल
फूल गोभी	½ फूल
टमाटर	2
लाल गाजर	1
मूली के पत्ते	1 मूली के
नमक, गरम मसाला और नीम्बू	स्वादानुसार

विधि

सभी सब्जियों को धो कर बारीक काट लें। प्रेशर कुकर में 2 गिलास पानी में सभी सब्जियों को डाल कर ढक्कन बन्द कर गैस पर रख दें। प्रेशर कुकर पर वेट न लगाये। 3-4 मिनट उबलने के बाद गैस बन्द कर दें। सूप छन्नी में डाल कर सूप अलग कर लें। इसमें नमक, मसाले और नीम्बू स्वादानुसार डाल कर परोसें। सब्जी को अलग से प्लेट में डाल कर बॉयल्ड वेजिटेबल की तरह नमक नीम्बू डाल कर खा सकते हैं। जो लोग वजन कम करना चाहते हैं उनके लिए ये बहुत लाभकारी है। पहले सूप लें फिर मिक्स्ड बॉयल्ड वेज लें और फिर रोटी खायें।

सलाद

"जब आप इस बात के प्रति सजग होकर खाते हैं कि एक दूसरा जीवन आपके जीवन में समाने और उससे घुलने-मिलने और आपका हिस्सा बनने के लिए तैयार है, तब भोजन का असली आनन्द आता है।"

—सद्‌गुरु

सब्जियां पकी हों या कच्ची?

पाचन क्रिया के लिए ज़रूरी सभी एंजाइम शरीर में मौजूद नहीं होते। हम जो खाते हैं, वह भी पाचन में योगदान करता है।

भोजन को पकाना उसमें मौजूद एंजाइमों का काफी हिस्सा नष्ट कर देता है।

नष्ट करने की इस प्रक्रिया के बाद किया गया भोजन शरीर को उतनी ही जीवनी ऊर्जा नहीं देता। शरीर को इन नष्ट एंजाइमों को दोबारा बनाने के लिए मेहनत करनी पड़ती है।

जाँच कर देखें, अगर आप अपने आहार में कुछ कच्चा शाकाहारी भोजन शामिल करते हैं, तो वह शरीर को चुस्त-दुरुस्त रखता है। 25 फीसदी कच्चे खाद्य पदार्थों से शुरुआत करके उसे धीरे-धीरे चार से पाँच दिन में 100 फीसदी तक ले जायें। एक-दो दिन तक उसे बरकरार रखें और फिर पाँच दिन में उसे 50 फीसदी कच्चे और 50 फीसदी पके हुए भोजन पर ले आएँ। यह उन लोगों के लिए बहुत बढ़िया काम्बिनेशन है जो दिन में सोलह से अठारह घण्टे सक्रिय रहना चाहते हैं।

भोजन को अपने प्राकृतिक रूप में खाने में पके हुए भोजन से अधिक समय लगता है क्योंकि उसे ज्यादा चबाना पड़ता है। इसलिए आपको पर्याप्त भोजन करने के लिए भोजन की मेज पर अधिक समय बिताना पड़ता है।

ध्यान में रखें

कच्चा भोजन करते समय, उन्हें थोड़े नमक मिले पानी में भिगोना और फिर उसे ठण्डे पानी में धोना याद रखें। इससे उस पर मौजूद नुकसानदेह कीटाणु नष्ट हो जाते हैं।

चना आहारीय लौह तत्व (आयरन) और कैल्शियम का अच्छा स्रोत है और प्रोटीन के सबसे अच्छे शाकाहारी स्रोतों में एक है। लेकिन, कैल्शियम और आयरन कुछ रासायनिक घेरों में होते हैं जिसके कारण शरीर काफी हद तक उन्हें ग्रहण नहीं कर सकता। चने का अंकुरण एक साधारण विधि है जो इन घेरों को तोड़कर आयरन और कैल्शियम की उपलब्धता को बढ़ा देता है, जिससे उसकी पौष्टिकता बढ़ जाती है। अंकुरित चना आसानी से पच भी जाता है।

चने को अंकुरित करने का एक आसान तरीका है कि साधारण चने को एक सफेद कपड़े में बाँध दें। उस पोटली को छह से आठ घण्टों तक पानी से भरे एक बरतन में रखें। पोटली को बाहर निकाल कर चने को दूसरे कपड़े में खाली कर दें। इस नई पोटली को कम से कम तीन दिनों तक छोड़ दें। इस समय तक चना अंकुरित हो जाएगा और अंकुर लगभग आधे इंच के बराबर हो जाएगा। अंकुरित चने को कच्चा खाया जा सकता है लेकिन उसे अच्छी तरह चबाया जाना चाहिए।

चना शरीर में गरमी का स्तर बढ़ाता है जिसे आयुर्वेद में उष्ण कहा गया है। उष्ण खाद्य पदार्थों से बादलों और बरसात के मौसम के समय खाँसी और सर्दी-जुकाम से बचने में मदद मिलती है। लेकिन गरमी के समय अगर चने खाने से आपके शरीर में अधिक गरमी हो रही है तो उसे अंकुरित मूँग खाते हुए सन्तुलित किया जाना चाहिए।

चने की चाट

सामग्री

काबुली चना	1 कप
टमाटर	1 मध्यम आकार का
हरी शिमला मिर्च	1 मध्यम आकार की
खीरा	1 छोटा
बन्दगोभी	100 ग्राम
नमक	स्वादानुसार
नीम्बू का रस	2 बड़े चम्मच
चाट मसाला	2 छोटे चम्मच

विधि

चनों को 3 कप पानी में रात भर भिगो दें। फिर निथार लें और ताज़े पानी में पकाएँ। फिर से निथार लें और ठण्डा करें। गहरे कटोरे में रखें। टमाटर और शिमला मिर्च के 2 भाग करें ओर बीज निकालें। इन्हें फिर बारीक काट कर कटोरे में डालें। खीरे को छीलें, बारीक काटें और कटोरे में डालें। बन्दगोभी भी काटें और कटोरे में डालें। नमक, नीम्बू और चाट मसाला छिड़क कर सब कुछ अच्छी तरह से मिला लें। तुरन्त परोसें।

कण्डेंस्ड मिल्क फ्रूट सलाद

सामग्री

कण्डेंस्ड मिल्क	4 बड़े चम्मच
सेब	1
ताज़ा अनन्नास, डण्ठल रहित	¼

केले	3
बीज रहित अंगूर	1 कप
काजू	12-15

विधि

कण्डेंस्ड मिल्क को गहरे कटोरे में डालें। फिर सेब को छिलके सहित ½ इंच के चौकोर टुकड़ों में काटें। अनन्नास को भी 2 इंच के चौकोर टुकड़ों में काटें। इन्हें कण्डेंस्ड मिल्क में डालें और मिलाएँ। यह करने से सेब का रंग काला नहीं पड़ेगा। केलों को छीलकर लम्बाई में 2 भाग में काटें। फिर इसके मध्यम आकार के टुकड़े काटें। कटोरे में डालकर मिलाएँ। अंगूर को 2 भाग में काटें। काजू को मोटा-मोटा हाथों से तोड़े और अंगूर के साथ कटोरे में डालें। फिर अच्छी तरह मिला कर परोसें।

अंकुरित मूँग का सलाद 7 तरीकों से

1 सामग्री

अंकुरित मूँग	½ कप
बीज रहित खजूर	4
किशमिश	2 बड़े चम्मच
गाजर	1 छोटी
ताज़ा नारियल	3 इंच का टुकड़ा
शहद	स्वादानुसार

विधि

अंकुरित मूँग को धोकर निथार लें। खजूर और किशमिश को काट लें। गाजर का पतला छिलका निकालें और फिर कद्दूकस कर लें। नारियल को कद्दूकस कर लें। सब कुछ गहरे कटोरे में रखें। ऊपर से डालें शहद और मिला कर परोसें।

2 सामग्री

अंकुरित मूँग	½ कप
पोहा	2 बड़े चम्मच
ताज़ा अनन्नास	3 इंच का टुकड़ा
गाजर	1 छोटी
ताज़ा नारियल	3 इंच का टुकड़ा
शहद	स्वादानुसार

विधि

अंकुरित मूँग को धोकर निथार लें। पोहों को धोकर 1 कप पानी में 10 मिनट तक भिगो लें। फिर छन्नी में 20-25 मिनट तक रखें। अनन्नास को बारीक काट लें। गाजर का पतला छिलका निकालें और कद्दूकस कर लें। नारियल को कद्दूकस कर लें। सब कुछ गहरे कटोरे में रखें। ऊपर से डालें शहद और मिला कर परोसें।

3 सामग्री

अंकुरित मूँग	½ कप
खीरा	½ मध्यम आकार का
टमाटर	1 छोटा
ताज़े पुदीने के पत्ते	8-10
ताज़ा हरा धनिया	2 टहनियाँ
नमक	स्वादानुसार
पिसी हुई कालीमिर्च	स्वादानुसार

विधि

अंकुरित मूँग को धोकर निथार लें। खीरे को छीलकर बारीक काट लें। टमाटर को बारीक काट लें और पुदीने के पत्तों को हाथों से तोड़ लें। हरे धनिये को काट लें। सब कुछ गहरे कटोरे में रखें। नमक और कालीमिर्च छिड़कें और मिला कर परोसें।

4 सामग्री

अंकुरित मूँग	½ कप
ताज़े अनार के दाने	¼ कप
नमक	स्वादानुसार
पिसी हुई कालीमिर्च	स्वादानुसार

विधि

अंकुरित मूँग को धोकर निथार लें। सब कुछ गहरे कटोरे में रखें। नमक और कालीमिर्च छिड़कें और मिला कर परोसें।

5 सामग्री

अंकुरित मूँग	1 कप
गाजर	1 छोटी
ताज़ा नारियल	¼
किशमिश	1½ बड़े चम्मच
शहद/कद्दूकस किया हुआ गुड़	स्वादानुसार

विधि

अंकुरित मूँग को धोकर निथार लें। गाजर का पतला छिलका निकालें और फिर कद्दूकस करें। नारियल के पतले-पतले टुकड़े कर लें। सब कुछ गहरे कटोरे में रखें। ऊपर से डालें शहद और मिला कर परोसें।

6 सामग्री

अंकुरित मूँग	1 कप
ताज़े पुदीने के पत्ते	10-12
कच्चा आम	¼
नमक	स्वादानुसार
पिसी हुई कालीमिर्च	स्वादानुसार

विधि

अंकुरित मूँग को धोकर निथार लें। पुदीने के पत्तों को हाथों से तोड़ लें। कच्चे आम को कद्दूकस करें। सब कुछ गहरे कटोरे में रखें। नमक और कालीमिर्च छिड़कें और मिला कर परोसें।

7 सामग्री

अंकुरित मूँग	1 कप
पोहा	½ कप
ताज़े पुदीने के पत्ते	8-10
नीम्बू का रस	1 छोटा चम्मच
नमक	स्वादानुसार
पिसी हुई कालीमिर्च	स्वादानुसार

विधि

अंकुरित मूँग को धोकर निथार लें। पोहों को धोकर 1 कप पानी में 10 मिनट तक भिगो लें। फिर छन्नी में 20-25 मिनट तक रखें। पुदीने के पत्तों को हाथों से तोड़ें। सब कुछ गहरे कटोरे में रखें। नीम्बू का रस, नमक और काली मिर्च छिड़कें और मिला कर परोसें।

फलों का सलाद

सामग्री

सेब	1
पके हुए केले	3
अनार	1
शहद	स्वादानुसार

विधि

सेब के लम्बे और पतले टुकड़े काटें। केलों को छीलें और 1 इंच के टुकड़ों में काटें। अनार के दानें निकालें। अब सेब, केले और अनार के दानों को कटोरे में रखें, शहद डालकर मिला लें और परोसें।

पास्ता सलाद

सामग्री

फ्यूसिल्ली पास्ता	½ कप
ब्रोक्ली/विलायती गोभी	4-5 छोटे फूल
टमाटर	1 बड़ा
पीली शिमला मिर्च	1 मध्यम आकार की
खीरा	1 मध्यम आकार का
काले जैतून	7-8
पनीर	60 ग्राम
ताज़े पुदीने के पत्ते	8-10
ताज़ा हरा धनिया	3 टहनियाँ
नीम्बू	½

नमक	स्वादानुसार
पिसी हुई कालीमिर्च	स्वादानुसार
जैतून का तेल	2 बड़े चम्मच

विधि

पतीले में 3 कप पानी डालें और उबाल आने दें। इसमें पास्ता डालें। मध्यम आँच पर पकाएँ पर ध्यान रहे कि बहुत नरम न हो जाये। निथार लें और ठण्डे पानी से धोकर फिर से निथार लें। इस दौरान, दूसरे छोटे पतीले में 1½ कप पानी को उबालें और इसमें डालें ब्रोक्ली के फूल। चार से पाँच मिनट तक पकाएँ और निथार लें। छन्नी में ही ठण्डा होने दें। फिर इसके छोटे-छोटे टुकड़े काट लें। टमाटर और पीली शिमला मिर्च के 2 भाग करें और बीज निकाल लें। बारीक काट लें। खीरे को छील लें और बारीक काट लें। जैतून के 4 हिस्से करें। पनीर के छोटे चौकोर टुकड़े काटें। पुदीने के पत्तों को हाथों से तोड़ लें। हरे धनिये को काटें। ताज़ा निचोड़ा हआ नीम्बू का रस, नमक, कालीमिर्च और जैतून के तेल को साथ में अच्छी तरह फेंटें। पास्ता, ब्रोक्ली, टमाटर, शिमला मिर्च, खीरा, जैतून और पनीर को गहरे कटोरे में रखें। एक बार मिला लें। इसके ऊपर डालें नीम्बू का मिश्रण और मिला लें। फिर डालें पुदीना और हरा धनिया और मिला लें। परोसें।

मकई का सलाद

सामग्री

मकई के दाने	1 कप
टमाटर	2 मध्यम आकार के
हरी शिमला मिर्च	1 मध्यम आकार की
खीरा	1 मध्यम आकार का
काले जैतून	7-8
चाईनीज़ बन्दगोभी	50 ग्राम

ताज़े पुदीने के पत्ते	¼ कप
नमक	स्वादानुसार
पिसी हुई कालीमिर्च	स्वादानुसार
जैतून का तेल	1 बड़ा चम्मच
नीम्बू	½
ताज़ा हरा धनिया	2-3 टहनियाँ

विधि

मकई को पतीले में रखें, 2 कप पानी डालें और उबालें। तीन से चार मिनट पकाएँ और निथार लें। ठण्डा करें। गहरे कटोरे में रखें। टमाटर और शिमला मिर्च को 2 भाग में काटें और बीज निकालें। खीरे को छीलें। यह सब और काले जैतून को बारीक काटकर कटोरे में डालें। चाइनीज़ बन्दगोभी और पुदीने के पत्तों को हाथों से छोटे-छोटे टुकड़ों में तोड़े और कटोरे में डालें। नमक और कालीमिर्च छिड़कें और हल्का-सा मिला लें। ऊपर से डालें जैतून का तेल और ताज़ा निचोड़ा हुआ नीम्बू का रस। अच्छी तरह से मिला लें। हरे धनिये को काटें और डालकर मिला लें। परोसें।

सफ़ेद कद्दू और दही का सलाद

सामग्री

सफ़ेद कद्दू, छिलके रहित	300 ग्राम
दही	2 कप
अदरक	1 इंच का टुकड़ा
खीरा	1 छोटा
गाजर	1 छोटी
टमाटर	1 बड़ा
ताज़ा नारियल	¼

ताज़ा हरा धनिया	3-4 टहनियाँ
कच्चा आम	½ छोटा
नमक	स्वादानुसार
पिसी हुई कालीमिर्च	स्वादानुसार
नीम्बू	½

विधि

अदरक और खीरे को छील लें। गाजर का पतला छिलका निकाल लें। टमाटर के छोटे-छोटे टुकड़े काटें। नारियल को कद्दूकस करें और अलग रखें। हरे धनिये को काटें और अलग रखें। दही को फेंट लें। बड़ा कटोरा लें। इसमें पहले कद्दूकस करें कद्दू को, फिर अदरक, खीरा, गाजर और कच्चा आम भी कद्दूकस करें। टमाटर डालें और हल्का-सा मिला लें। फिर डालें दही और फिर से मिला लें। नमक, कालीमिर्च, नारियल और कटा हुआ हरा धनिया छिड़क दें। नीम्बू का ताज़ा निचोड़ा हुआ रस डालें। अच्छी तरह मिला लें और तुरन्त परोसें।

चुकन्दर और नीम्बू का सलाद

सामग्री

चुकन्दर	2 मध्यम आकार के
कच्ची मूँगफली	4 छोटे चम्मच
तेल	1½ छोटे चम्मच
राई	½ छोटा चम्मच
चने की दाल	½ छोटा चम्मच
धुली उड़द दाल	½ छोटा चम्मच
कड़ी पत्ते	7-8
कच्चा आम	3 इंच का टुकड़ा
ताज़ा नारियल	2 इंच का टुकड़ा

नमक	स्वादानुसार
पिसी हुई कालीमिर्च	½ छोटा चम्मच
नीम्बू	½
ताज़ा हरा धनिया	2 टहनियाँ

विधि

मूँगफली को 1 कप पानी में 3-4 घण्टों तक भिगो दें। इस दौरान, चुकन्दर को धोकर छील लें। फिर बारीक कद्दूकस करें। एक साफ कपड़े में रख कर हल्का-सा निचोड़े ताकि थोड़ा-सा रस निकलें।

फिर चुकन्दर को एक गहरे कटोरे में रखें। छोटी कड़ाही में तेल गरम करें। राई, चने की दाल, उड़द दाल और कड़ी पत्ते डालें। आधे मिनट के लिए मध्यम आँच पर भूनें और जैसे ही दालें रंग बदलने लगें इस तड़के को चुकन्दर पर डालें। अच्छी तरह मिला लें।

मूँगफली को निथार लें, कपड़े से पोंछे और चुकन्दर में डालें। कच्चे आम को कद्दूकस करे और डालें। नारियल को सीधे ही कटोरे में कद्दूकस कर दें।

अब छिड़क दें कालीमिर्च और ताज़ा निचोड़ा हुआ नीम्बू का रस। फिर सब कुछ अच्छी तरह से मिला लें। हरा धनिया काटकर सलाद में डालकर मिला लें। तुरन्त परोसें।

बन्दगोभी का सलाद दो रूप में

1. सामग्री

बन्दगोभी	100 ग्राम
बैंगनी रंग की बन्दगोभी	100 ग्राम
टमाटर	1 मध्यम आकार का
हरी शिमला मिर्च	½ मध्यम आकार की
हरे मटर	¼ कप

नमक	स्वादानुसार
पिसी हुई कालीमिर्च	स्वादानुसार
नीम्बू	½

विधि

दोनों बन्दगोभी को गुनगुने गरम पानी में धोकर बारीक काट लें। फिर गहरे कटोरे में रखें। टमाटर को 2 भाग में काटकर बीज निकालें। बारीक काट लें। शिमला मिर्च को काट लें। हरे मटर को गरम पानी में 2 मिनट तक पकाएँ। फिर निथारें और ठण्डे पानी में धोकर, फिर से निथारें। बन्दगोभी में डालें टमाटर, शिमला मिर्च, मटर, नमक, कालीमिर्च और ताज़ा निचोड़ा हुआ नीम्बू का रस। अच्छी तरह से मिला लें और परोसें।

2. सामग्री

बन्दगोभी	150 ग्राम
खीरा	1 बड़ा
टमाटर	2 बड़े
कद्दू के बीज	5 बड़े चम्मच
जैतून	8
जैतून का तेल	5 छोटे चम्मच
ताज़े पुदीने के पत्ते	8-10
नीम्बू	½
नमक	स्वादानुसार
पिसी हुई कालीमिर्च	स्वादानुसार

विधि

बन्दगोभी को बारीक काटें और गहरे कटोरे में रखें। खीरे को छीलें और बारीक काट लें। टमाटर को 2 भाग में काटकर बीज निकाल लें और फिर 1 इंच के

टुकड़ों में काटें। कद्दू के बीज को गरम तवे पर 4-5 मिनट तक हल्का-सा सेंक लें। फिर ठण्डा करें। जैतून के 4 हिस्से करें। बन्दगोभी में डालें खीरा, टमाटर, कद्दू के बीज और जैतून। पुदीने के पत्तों को जैतून के तेल, नीम्बू के रस, नमक और कालीमिर्च के साथ मिक्सर के जार में रखें। फिर बारीक पीस लें। पिसे हुए पुदीने के मिश्रण को कटोरे में डालकर अच्छी तरह मिला लें। तुरन्त परोसें।

क्रूटोन फलों का सलाद

सामग्री

ताज़ा अनन्नास, डण्ठल रहित	½
अमरूद	1 बड़ा
काले अंगूर	1 कप
खीरा	1 बड़ा
ब्रेड के स्लाइस	4
चाट मसाला	1 छोटा चम्मच

विधि

अनन्नास को पहले मोटे-मोटे गोलाकार टुकड़ों में काटें और फिर छोटे चौकोर टुकड़े कर लें। गहरे कटोरे में रखें। अमरूद के 2 भाग करें और बीज निकालकर छोटे चौकोर में काटकर कटोरे में डालें। अंगूर के 2 हिस्से करें और कटोरे में डालें। खीरे को छीलकर छोटे चौकोर टुकड़ों में काटें और कटोरे में डालें। ब्रेड के छोटे चौकोर टुकड़े काटें। ओवन को 160°C तक गरम करें और फिर 10-12 मिनट तक ब्रेड को गरम करें ताकि कड़क और सूखी हो जाये। चाहें तो 5 मिनट और ओवन में रखें। बाहर निकालें और ठण्डा करें। कटोरे में फल और खीरे के साथ डालें। (आप चाहें तो ब्रेड को तल कर भी उपयोग कर सकते हैं। तलने के बाद अतिरिक्त तेल कागज़ पर सोख लें।) सलाद पर चाट मसाला छिड़क कर मिला लें और तुरन्त परोसें।

चुकन्दर का कुरकुरा सलाद

सामग्री

चुकन्दर	1 बड़ा
बन्दगोभी	200 ग्राम
ताज़े पुदीने के पत्ते	¼ कप
पापड़	2
नीम्बू का रस	2 बड़े चम्मच
नमक	स्वादानुसार
जैतून का तेल	1 बड़ा चम्मच
पिसी हुई कालीमिर्च	स्वादानुसार

विधि

चुकन्दर को छीलकर छोटे पतीले में रखें। थोड़ा-सा पानी डालें ताकि चुकन्दर भीग जाये। आँच पर रखें और 4-5 मिनट तक पकाएँ। इस दौरान, बन्दगोभी को पतला-पतला काट लें और पुदीने के पत्तों को हाथों से तोड़ लें। पापड़ को सेंक लें। (आप चाहें तो इन्हें तल भी सकते हैं।) पानी से चुकन्दर को निकालकर ठण्डा करें। इसके पानी में बहुत पोषण है, फेंके नहीं। चुकन्दर के मोटे-मोटे गोलाकार टुकड़े करें और फिर लम्बी सलाई जैसे काटें। गहरे कटोरे में रखें। इसमें डालें बन्दगोभी, पुदीना, नीम्बू का रस, नमक, जैतून का तेल और कालीमिर्च। हल्का-सा मिला लें। पापड़ का चूरा करें और डालकर मिला लें और तुरन्त परोसें।

टिप: चुकन्दर के पानी के साथ सूप बना सकते हैं।

खीरे का सलाद दो तरीकों से

1 सामग्री

खीरे	2 बड़े

टमाटर	2 मध्यम आकार के
हरी शिमला मिर्च	1 मध्यम आकार की
नमक	स्वादानुसार
पिसी हुई कालीमिर्च	स्वादानुसार
नीम्बू	½
ताज़े पुदीने के पत्ते	8-10

विधि

खीरों को छीलकर ½ इंच के चौकोर टुकड़ों में काट लें। इसी प्रकार टमाटर और शिमला मिर्च को भी काट लें। सब गहरे कटोरे में रखें और नमक, कालीमिर्च, ताज़ा निचोड़ा हुआ नीम्बू का रस और पुदीने के पत्ते डालकर मिला लें। परोसें।

2 सामग्री

खीरा	1 बड़ा
टमाटर	2 मध्यम आकार के
हरी शिमला मिर्च	½ मध्यम आकार की
ब्रोक्ली/विलायती गोभी	4-5 छोटे फूल
आइस बर्ग लेटस/सलाद के पत्ते	10 पत्ते
ताज़ा हरा धनिया	6-8 टहनियाँ
ताज़े पुदीने के पत्ते	½ कप
जैतून का तेल	2 बड़े चम्मच
नीम्बू	½
नमक	स्वादानुसार
पिसी हुई कालीमिर्च	स्वादानुसार

विधि

खीरों को छीलकर ½ इंच के चौकोर टुकड़ों में काट लें। इसी प्रकार टमाटर और शिमला मिर्च को भी काट लें। ब्रोक्ली गरम पानी में रखें और फिर 2-3 मिनट तक उबालें। निथार लें, ताज़े पानी से धोकर फिर से निथार लें। लेटस के पत्तों को

हाथों से छोटे टुकड़ों में करें। हरे धनिये को काट लें। खीरे में डालें टमाटर, शिमला मिर्च, ब्रोक्ली और लेटस। मिक्सर के जार में रखें पुदीने के पत्ते, जैतून का तेल, ताज़ा निचोड़ा हुआ नीम्बू का रस, नमक और कालीमिर्च। पीस लें और कटी हुई सब्ज़ियों में डालकर मिला लें। हरे धनिये से सजाकर परोसें।

खीरा और टमाटर स्लाइस

सामग्री

खीरा	1 बड़ा
टमाटर	2 बड़े
गाजर	1 छोटी
ताज़ा हरा धनिया	4-5 टहनियाँ
नमक	स्वादानुसार
पिसी हुई कालीमिर्च	स्वादानुसार

विधि

खीरे को छीलकर पतले गोलाकार टुकड़ों में काटें। टमाटर के पतले गोलाकार टुकड़े करें। गाजर को पतला छीलें और पतले टुकड़े करें। सब कुछ गहरे कटोरे में रख कर हल्का-सा मिला लें। हरा धनिया काटकर डालें। ऊपर से छिड़कें नमक और कालीमिर्च। सलाद को अच्छी तरह से मिलाकर परोसें।

फल और सब्ज़ियों का सलाद

सामग्री

सेब	1
सन्तरा	1
खीरा	1 बड़ा

ताज़े पालक के पत्ते	2 कप
सन्तरे का रस	4 बड़े चम्मच
शहद	2 छोटे चम्मच
पिसी हुई राई	1 बड़ा चम्मच
पिसी हुई कालीमिर्च	स्वादानुसार
नमक	स्वादानुसार

विधि

सेब को छिलके समेत काट लें। सन्तरे को छीलकर, सफेद रेशे निकालें, फाड़ियाँ अलग करें, फिर छीलकर बीज निकालें। फाड़ियों को काटें। खीरे को छीलकर बारीक काट लें। पालक के पत्तों को हाथों से छोटे टुकड़ों में काट लें। सभी फल और सब्ज़ी गहरे कटोरे में रखें। सन्तरे का रस, शहद, पिसी हुई राई, कालीमिर्च और नमक को साथ में फेंट लें। इसे फिर कटोरे में डालें और अच्छी तरह मिला लें। परोसें।

फल और कद्दू का सलाद

सामग्री

लाल कद्दू, छिलके रहित	200 ग्राम
ताज़े अनार के दाने	¾ कप
बीज रहित हरे अंगूर	1 कप
सफेद तिल	1 बड़ा चम्मच
शहद	1 छोटा चम्मच
दालचीनी	¼ इंच का टुकड़ा
नमक	1 चुटकी
नीम्बू का रस	1 छोटा चम्मच

विधि

कद्दू के छोटे चौकोर टुकड़े काटें। गहरे पतीले में 2 कप पानी गरम करें और उबाल आने पर कद्दू को डालें और धीमी आँच पर 5 मिनट तक पकाएँ। छन्नी में निकालें और थोड़ी देर के बाद एक थाली में फैला दे ताकि ठण्डा हो जाये। इस दौरान, तिल को तवे पर धीमी आँच पर 1 मिनट तक सेंक लें। ठण्डा करें। पके हुए कद्दू को गहरे कटोरे में रखें। अंगूर के 2 हिस्से करें और डालें। अनार के दाने डालें। दालचीनी को ओखली में दरदरा कूट लें। फिर मिक्सर के जार में शहद, नमक और नीम्बू के रस के साथ रखें और पीसे लें। इस मिश्रण को कटोरे में डालें, सब कुछ अच्छी तरह से मिला लें, तिल छिड़क दें और परोसें।

सलाद के पत्ते और सब्जी का सलाद

सामग्री

सलाद के पत्ते	6 पत्ते
चाइनीज़ बन्दगोभी	4-5 पत्ते
बेबी कोर्न (बेबी मकई)	6
टमाटर	1 बड़ा
जैतून का सलाद के लिए तेल	1½ बड़े चम्मच
नीम्बू का रस	1½ छोटे चम्मच
नमक	स्वादानुसार
पिसी हुई कालीमिर्च	स्वादानुसार

विधि

सलाद के पत्ते और बन्दगोभी के पत्तों को धोकर निथार लें। हाथों से तोड़कर छोटे टुकड़े कर लें। गहरे कटोरे में रखें। बेबी कोर्न के पतले तिरछे टुकड़े करें। टमाटर के छोटे चौकोर टुकड़े करे लें। दोनों कटोरे में डालें। फिर डालें जैतून का तेल, नीम्बू का रस, नमक, कालीमिर्च और मिला लें। तुरन्त परोसें।

मिले जुले फल का सलाद

सामग्री

नाशपति	2
सेब	2
बीज रहित अंगूर	1 कप
पके हुए केले	2
अनन्नास	½
ताज़े अनार के दाने	¾ कप
चाट मसाला	1½ छोटा चम्मच
शहद/कण्डेंस्ड मिल्क	2 बड़े चम्मच

विधि

नाशपति और सेब को छिलके समेत छोटे चौकोर टुकड़ों में काट लें। अंगूर के 2 हिस्से करें। केलों को छीलकर पतले गोलाकार टुकड़े करें। अनन्नास के छोटे चौकोर टुकड़े करें। फलों को गहरे कटोरे में रखें। चाट मसाला छिड़क दें और एक बार मिला लें। फिर शहद डालें और सब कुछ अच्छी तरह से मिला लें। तुरन्त परोसें।

पालक और बेबी कॉर्न का सलाद

सामग्री

छोटे पालक के पत्ते	3 कप
बेबी कोर्न	6
खीरा	1 बड़ा
टमाटर	2 मध्यम आकार के

नमक	स्वादानुसार
पिसी हुई कालीमिर्च	स्वादानुसार
जैतून का तेल	1½ बड़े चम्मच
नीम्बू	½

विधि

पालक के पत्तों को धोकर छन्नी में रखकर निथार लें। फिर डण्डी तोड़ दें और पत्तों को छोटे टुकड़ों में तोड़ लें। गहरे कटोरे में डालें। बेबी कोर्न की पतली लम्बी सली काट लें। कटोरे में डालें। खीरे को छीलकर बारीक काट लें ओर कटोरे में डालें। टमाटर के 2 हिस्से करें, बीज निकालें, बारीक काटकर कटोरे में डालें। नमक और कालीमिर्च छिड़क दें और अच्छी तरह मिला लें। जैतून का तेल और ताज़ा निचोड़ा हुआ नीम्बू का रस डालें और फिर से मिला लें। परोसें।

पालक और कुम्भ का सलाद

सामग्री

छोटे पालक के पत्ते	2 कप
ताज़े मशरूम	12-14 मध्यम आकार के
खीरा	1 बड़ा
टमाटर	3 छोटे
नमक	स्वादानुसार
पिसी हुई कालीमिर्च	स्वादानुसार
जैतून का तेल	2 बड़े चम्मच
नीम्बू	½

विधि

गहरे पतीले में 3 कप पानी को गरम करें। इस दौरान, मशरूम को धोकर लम्बाई में 2 हिस्सों में काटें। उबलते पानी में डालकर 2 मिनट तक पकाएँ। छन्नी में निथार लें और ठण्डा करें। इस दौरान, पालक के पत्तों को धोकर पोंछ लें और डण्डियाँ तोड़ लें। फिर पत्तों के छोटे-छोटे टुकड़े करें और गहरे कटोरे में रखें। खीरे को छीलकर, बारीक काटें और कटोरे में डालें। टमाटर बारीक काट लें और कटोरे में डालें। कटोरे में मशरूम डालें। नमक और कालीमिर्च छिड़क कर हल्का-सा मिला लें। ऊपर से डालें जैतून का तेल और ताज़ा निचोड़ा हुआ नीम्बू का रस और मिला लें। परोसें।

गुलाब का सलाद

सामग्री

खाने के गुलाब	2
खीरा	1 बड़ा
अनन्नास	¼
नमक	स्वादानुसार
पिसी हुई कालीमिर्च	स्वादानुसार
ताज़े पुदीने के पत्ते	8-10

विधि

खीरों को छीलकर छोटे चौकोर टुकड़ों में काटें। गहरे कटोरे में रखें। अनन्नास को छोटे टुकड़ों में काटकर कटोरे में डालें। नमक और कालीमिर्च डालें और अच्छी तरह मिला लें। खीरे और अनन्नास के रस के स्वाद को मिल जाने दें। दो गुलाब की पंखुड़ियों को तोड़ कर कटोरे में डालें। पुदीने के पत्ते तोड़ कर कटोरे में डालें। सलाद को अच्छी तरह मिला लें ओर तुरन्त परोसें।

सफेद कद्दू और नारियल का सलाद

सामग्री

सफेद कद्दू, छिलके रहित	400 ग्राम
ताज़ा नारियल	½
मूँगफली	¼ कप
गाजर	1 मध्यम आकार की
ताज़ा हरा धनिया	2-3 टहनियाँ
नमक	स्वादानुसार
पिसी हुई कालीमिर्च	स्वादानुसार
पिसा हुआ भूना जीरा	स्वादानुसार

विधि

पतीले में 1½ कप पानी उबालें और थोड़े से नमक के साथ मूँगफली को धीमी आँच पर 5-6 मिनट तक पकाएँ। छन्नी में निकालें और ठण्डी होनी पर गहरे कटोरे में डालें। कद्दू के छोटे टुकड़ें करें। नारियल को कद्दूकस करें। गाजर को पतला छील लें और फिर कद्दूकस करें। हरे धनिये को काट लें। कटोरे में रखी मूँगफली में डालें कद्दू, नारियल, गाजर और हरा धनिया। नमक, कालीमिर्च ओर पिसा हुआ जीरा डालकर मिला लें और परोसें।

सद्‌गुरु

एक योगी, युगदृष्टा, मानवतावादी सद्‌गुरु, एक आधुनिक गुरु हैं। विश्व शान्ति और खुशहाली की दिशा में निरन्तर काम कर रहे सद्‌गुरु के रूपान्तरणकारी कार्यक्रमों से दुनिया के कराड़ों लोगों को एक नयी दिशा मिली है। सद्‌गुरु ने योग के गूढ़ आयामों को आम आदमी के लिए इतना सहज बना दिया है कि हर व्यक्ति उस पर अमल करके अपने भाग्य का स्वामी खुद बन सकता है। सद्‌गुरु जितनी गहराई से आन्तरिक अनुभव एवं ज्ञान से जुड़े हैं उतनी ही गहराई से सांसारिक मुद्दों से भी। अध्यात्म के ऊपर सद्‌गुरु की दक्षता उनके गहन आन्तरिक अनुभव का ही परिणाम है, जिससे वे अध्यात्म की खोज करने वालों का मार्गदर्शन करते हैं।

सद्‌गुरु ईशा योग के जनक हैं। ईशा योग शारीरिक, मानसिक, भावनात्मक और आध्यात्मिक रूप से विकसित होने का एक वैज्ञानिक तरीका है। यह जीवन को पूर्ण गहराई में अनुभव करने और अपनी पूर्ण क्षमता प्राप्त करने का एक अद्‌भुत तकनिक है। ईशा का शुरुआती प्रोग्राम इनर इंजीनियरिंग है, जिसमें प्राचीन व शक्तिशाली क्रिया शाम्भवी महामुद्रा सिखाई जाती है।

सद्‌गुरु को दुनिया के प्रतिष्ठित मंचों पर मानवाधिकार, कारोबार मूल्यों, सामाजिक, पर्यावरण और अध्यात्म सम्बन्धी विभिन्न मुद्दों पर बोलने के लिए बुलाया जाता है।

विश्व के कुछ सबसे प्रमुख अन्तर्राष्ट्रीय नेतृत्व मंचों पर सद्‌गुरु लोगों को सम्बोधित करते हैं। जनवरी 2007 में, सद्‌गुरु विश्व आर्थिक फोरम के चार पैनल्स में शामिल थे तथा उन्होंने कूटनीति और आर्थिक विकास, शिक्षा और पर्यावरण जैसे विषयों पर अपने विचार प्रकट किये। वर्ष 2006 में, सद्‌गुरु ने विश्व आर्थिक फोरम, स्वीडेन में टॉलबर्ग फोरम और ऑस्ट्रेलियाई नेतृत्व रिट्रीट को सम्बोधित किया। इसके अतिरिक्त सद्‌गुरु संयुक्त राष्ट्र संघ

मिलेनियम शान्ति सम्मेलन और विश्व शान्ति कांग्रेस का भी प्रतिनिधित्व कर चुके हैं।

सद्‌गुरु की अन्तर्दृष्टि और ज्ञान को नियमित रूप से भारत के मुख्य टेलीविजन चैनलों पर प्रसारित किया जाता है तथा अनेक राष्ट्रीय समाचार-पत्रों और पत्रिकाओं में प्रकाशित किया जाता है। सद्‌गुरु को सुनने के लिए, उनकी सार्वजनिक गोष्ठियों और सत्संगों में लोग बहुत बड़ी तदाद में शामिल होते हैं।

प्राचीनता से आधुनिकता में सहज विचरते हुए, ज्ञात और अज्ञात के बीच एक सेतु बन कर, सद्‌गुरु अपने सान्निध्य में आने वाले हरेक व्यक्ति को जीवन के गहरे आयामों को खोजने और उनका अनुभव करने के लिए सामर्थ्य प्रदान करते हैं।

अधिक जानकारी के लिए देखें : isha.sadhguru.org

ईशा फाउण्डेशन

1992 में सद्गुरू द्वारा स्थापित, ईशा फाउण्डेशन, मानवीय सम्भावनाओं व क्षमता के विकास के लिए एक अन्तर्राष्ट्रीय लाभ-रहित संस्था है। यह फाउण्डेशन एक मानव सेवी संस्था है, जो हर इंसान को उसकी परम सम्भावना में विकसित होने के लिए एक अनुकूल वातावरण तैयार कर रहा है।

फाउण्डेशन की गतिविधियों में सबसे प्रमुख—विशेष रूप से तैयार की गयी योग विधियाँ हैं, जिन्हें ईशा योग कहा जाता है। अधिक से अधिक शारीरिक, मानसिक, व भावनात्मक सुख-शान्ति के लिए ईशा योग कई स्तर पर योग कार्यक्रम का आयोजन करता है। बेसिक ईशा योग प्रोग्राम में, शाम्भवी महा मुद्रा से परिचय कराया जाता है—यह गहरे आन्तरिक रूपान्तरण की एक सरल लेकिन शक्तिशाली क्रिया है।

ईशा फाउण्डेशन दुनिया भर में फैले 150 से भी अधिक शहरी केन्द्रों से कार्य करता है; यह 30,000 से भी अधिक स्वयंसेवकों के योगदान द्वारा चलाया जाता है। फाउण्डेशन का मुख्यालय ईशा योग केन्द्र में है, जो दक्षिण भारत में वेलिंगिरि पर्वत की तलहटी में स्थित है, तथा अमेरीका में, मध्य टेनेसी में कम्बरलैंड पठार में स्थित ईशा इंस्टिट्यूट ऑफ इनर साइंस में है।

व्यक्तिगत विकास में मदद करने, मानवीय चेतना जागृत करने, समुदायों को पुनःस्थापित करने और पर्यावरण सुधार के लिए ईशा फाउण्डेशन बड़े पैमाने की मानव सेवी योजनाओं पर भी अमल करता है। इसमें शामिल हैं :

- ग्रामीण कायाकल्प कार्यक्रम (www.ruralrejuvenation.org), यह ग्रामीण पुनरुत्थान कार्यक्रम है, जो निःशुल्क चिकित्सा के साथ-साथ समुदायों को पुनःस्थापित कर रहा है, इससे दक्षिण भारत के ग्रामीण इलाके में 2,500 से अधिक असहाय गाँवों में मानव उत्थान का कार्य हो रहा है।

- प्रोजेक्ट ग्रीन हैंड्स (www.projectgreenhands.org) प्रोजेक्ट ग्रीन हैंड्स, पर्यावरण-क्षरण को रोकने तथा पर्यावरण स्वच्छ बनाने की दिशा में कार्य करता है। इस प्रोजेक्ट का उद्देश्य तमिलनाडु राज्य में 11 करोड़ 40 लाख पेड़ लगाना है जिससे राज्य के 33 प्रतिशत क्षेत्रफल को हरे आवरण से ढ़का जा सके। प्रोजेक्ट ग्रीन हैंड्स ने सिर्फ तीन दिनों में 2,56,289 लोगों द्वारा 8,52,587 पौधों को लगाकर 'गिनिज वर्ल्ड रिकॉर्ड' बनाया है। ईशा फाउण्डेशन को 2008 के इन्दिरा गाँधी पर्यावरण पुरस्कार से सम्मानित किया गया है।
- ईशा विद्या (www.ishavidhya.org), ईशा विद्या अंग्रेजी माध्यम व कम्प्यूटर आधारित शिक्षा के क्षेत्र में एक विशेष पहल है।

इस फाउन्डेशन का सक्रिय एवं समर्पित स्वयंसेवी संगठन तथा इसकी विभिन्न गतिविधियाँ मानव सशक्तिकरण और समुदाय के पुनरुत्थान के लिए विश्व के सामने एक सफल आदर्श के रूप में प्रस्तुत हैं।

अधिक जानकारी के लिए देखें : isha.sadhguru.org

ईशा योग केन्द्र

वेलिंगिरी पर्वत की तलहटी में स्थित ईशा योग केन्द्र दक्षिण भारत की बेहतरीन प्राकृतिक छटा के बीच स्थापित है। आन्तरिक विकास के लिए बनाया गया यह शक्तिशाली स्थान विश्व के हरेक कोने से लोगों को आकर्षित करता है तथा योग के चार मुख्य मार्ग—ज्ञान, कर्म, क्रिया, और भक्ति को अर्पित करने में अपने आप में एक अनूठा स्थान है।

ईशा योग केन्द्र का मुख्य आकर्षण, ऊर्जा का एक शक्तिशाली और अनूठा रूप ध्यानलिंग है। सद्‌गुरु द्वारा तीन सालों की गहन प्राण प्रतिष्ठा की प्रक्रिया के बाद ध्यानलिंग को प्रतिष्ठित किया गया। ध्यानलिंग योग विज्ञान का सार है और इसका सम्बन्ध किसी ख़ास धर्म या मत से नहीं है। इसे किसी पूजा या

प्रार्थना की जरूरत नहीं होती। ध्यानलिंग के आभामण्डल में सहजत पूर्वक मौन होकर कुछ मिनट तक बैठने से ही ध्यान से अपरिचित इंसान भी ध्यान की गहरी अवस्था का अनुभव कर सकता है, तथा इस तेजोमय आकार से हरदम निकलने वाली दिव्य ऊर्जा को महसूस कर सकता है।

ध्यानलिंग की बाहरी परिक्रमा में दो तीर्थकुण्ड हैं—पुरुषों के लिए सूर्यकुण्ड और स्त्रियों के लिए चन्द्रकुण्ड। ग्रेनाइट के विशाल खण्डों से बनी दीवारों वाले इन जलाशयों में रसलिंगों की प्रतिष्ठा की गयी है। ये रसलिंग ठोस पारे से बनाए गये ऊर्जान्वित लिंग हैं। इस पवित्र जल में डुबकी लगाने से लम्बे समय से चली आ रही बीमारियाँ और ऊर्जा के असन्तुलन ठीक होते हैं। इससे शरीर और मन में एक नयी ताजगी का संचार होता है।

यहाँ आदियोगी आलयम भी है, जो अपने शुद्धतम रूप में योग विज्ञान को प्रसारित करने के लिए बनाया गया एक पावन स्थान है। 82,000 वर्ग फीट में फैला अनूठी बनावट वाला आदियोगी आलयम मानव जाति को एक अनमोल भेंट है।

इस केन्द्र में 64,000 वर्ग फुट में फैला एक ध्यान केन्द्र—स्पन्दा हॉल और उद्यान स्थित है। डिजाइन की दृष्टि से अनूठे इस ध्यान कक्ष में एडवान्स आवासीय कार्यक्रम आयोजित किये जाते हैं। कारपोरेट कार्यक्रमों और आवास के लिए नालन्दा सम्मेलन केन्द्र बनाया गया है।

केन्द्र में आवासीय सुविधाएँ भी उपलब्ध हैं, जहाँ ब्रह्मचारियों, पूर्ण समर्पित स्वयंसेवकों, अतिथियों और दर्शनार्थियों का एक सक्रिय अन्तर्राष्ट्रीय समुदाय रहता है।

ईशा योग केन्द्र, कोयम्बटूर से 30 किलोमीटर पश्चिम में स्थित है। कोयम्बटूर, दक्षिणी भारत का एक प्रमुख औधोगिक शहर है, जो हवाई, रेल और सड़क मार्ग से अच्छी तरह जुड़ा हुआ है। भारत के सभी प्रमुख शहरों से रेल सेवाएँ भी उपलब्ध हैं। कोयम्बटूर से ईशा योग केन्द्र के लिए नियमित बस और टैक्सी सेवा भी उपलब्ध हैं।

Worldwide Centres

INDIA
Isha Yoga Centre,
Velliangiri Foothills,
Ishana Vihar Post,
Coimbatore 641114 India.
Telephone: +91-422-2515345
Email: info@ishafoundation.org

USA
Isha Institute of Inner-sciences,
951 Isha Lane, McMinnville,
TN 37110 USA.
Telephone: +1-931-668-1900
Email: usa@ishafoundation.org

UK
Isha Foundation,
PO Box 559,
Isleworth TW7 5WR, UK.
Telephone: +44-79 56 99 87 29
Email: uk@ishafoundation.org

AUSTRALIA
5 Greylea Grove, Seabrook,
Vic 3028 Australia
Telephone: +61 433 643 215
Email: australia@ishafoundation.org

SINGAPORE
Telephone: +065 96660197,
+065 61004064
Email: singapore@ishayoga.org

MALAYSIA
Telephone: +60 17-6767-442
Email: malaysia@ishafoundation.org

MIDDLE EAST
Telephone: 961-3-789-046,
961-3-747-178
Email: lebanon@ishafoundation.org

CHINA
Suzhou City,
Jiangsu Province, China
Telephone: +86 400 9281818
Email: ishachina@ishayoga.org.cn